동시토익 READING 기초편 해설서

동시토익
Contemporary Toeic

지은이 신정원
에디터 조서봉
출판사 제이제이북스
4쇄 인쇄 2016년 1월 20일

서론

영어의 논리를 안다면 영어는 그렇게 해괴한 언어가 아니다. 영어와 우리말의 차이를 제대로 알고 영어의 논리를 하나씩 익혀나간다면 곧 영어가 정말로 재미있어 질 것이다! 그러나 영어의 논리체계를 아는 것만으로는 부족하다. 이론적으로 안다고 문장이 해석이 되는 것은 아니다. 배운 이론을 문장에 적용하는 연습이 중요하다. 연습이 없이는 아는 것 따로, 실제 영어문장 따로가 될 것이다. 나에게 익숙해지도록 논리체계를 연습해가는 과정이 바로 동시토익의 뼈대바르기다. 뼈대바르기 연습은 무심코 단어만 끼워 맞춰 불안하게 독해를 해왔던 여러분들에게 문장 구조를 보는 눈을 길러줄 것이다. 실제로 문장을 쪼개보는 연습을 하지 않으면 불안 불안한 미완성의 독해습관을 고칠 수 없다.

뼈대바르기 연습 후에는 반드시 해설서의 정답과 대조해 봐야 한다. 정답과 비교해서 내가 틀린 부분을 수정해 가야만 발전한다. 내가 잘못 알고 있는 부분이 뭔지를 알아내는 것이 문제 해결의 시작이다!

문법을 배우고, 배운 문법이 적용된 문장으로 뼈대바르기 연습을 하는 것은 매우 재미있는 작업이다. 그런데 여기 큰 걸림돌이 있긴 하다. '영어 단어'. 단어의 뜻을 모르면, 이 단어가 동사인지 명사인지를 구분할 수 없다면 구조분석은 요원한 꿈이 된다. 그래서 동시토익 기초과정은 '어휘 선행학습'을 체계적으로 도입했다. 뼈대바르기 숙제 전에 강의에서 제공된 단어장을 반드시 미리 학습해야 한다. 그래야 영어공부에 재미를 붙일 수 있다. 문장에 모든 어휘가 생소하다면 금방 공부에 질려버리고 말 것이다. 미리 공부한 어휘를 숙제에서 반복하면서 '반복학습'이 자연스럽게 이뤄질 것이다.

처음 영어공부를 할 때 어휘공부의 가장 큰 문제는 읽을 수가 없다는 점이다. 읽을 수가 없으니 눈으로만 익히게 되고 익숙해지는데 당연히 오랜 시간이 걸린다. 그래서 기초반 단어장은 MP3가 함께 제공된다. 듣고 따라 읽으면서 발음을 함께 익혀가면 학습효과를 크게 배가시킬 수 있다. 게다가 자연히 LC공부에도 도움이 될 것이다.

여러분의 '영어 울렁증 깨기'를 위해 심혈을 기울여 준비한 기초학습서다. 이제 하나씩 익히고 채워나가는 것은 여러분의 몫이다. 이번에는 중도 포기 없이! "영어에 자신감을 갖게 되었어요!"라고 외치는 동시토익 수강생들의 대열에 반드시 합류하시길 바란다. 화이팅!

2013년 11월 저자 신정원

CONTENTS

CONTEMPORARY TOEIC
READING

기초편 해설서

[품사 구분연습]

1. 자전거 도로를 가지고 있는 도시의 거주자들에게는 자전거가 선호되는 교통 수단이다.

명사　명사　　　명사　명사　　　　형용사　명사

2. 가격이 지난 5년동안 상당히 증가했다.

명사　형용사　부사　동사

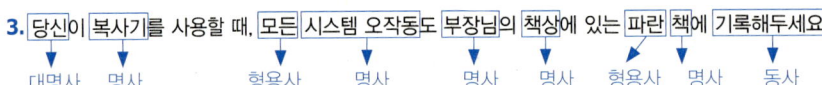

3. 당신이 복사기를 사용할 때, 모든 시스템 오작동도 부장님의 책상에 있는 파란 책에 기록해두세요.

대명사　명사　　형용사　명사　　명사　명사　형용사　명사　동사

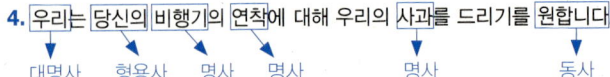

4. 우리는 당신의 비행기의 연착에 대해 우리의 사과를 드리기를 원합니다.

대명사　형용사　명사　명사　　　명사　　　동사

5. 정부는 관광의 하락세가 경제에 나쁜 영향을 미칠 수 있을 것이라고 발표했다.

명사　　명사　명사　형용사　명사　　　　　동사

6. 우리 회사의 엄격한 보안 정책에 따라서 각 직원은 인트라넷 비밀번호를 15일마다 갱신해야 한다.

명사　형용사　명사　　형용사　명사　　　명사　　　부사　　동사

[문장성분 구분연습]

1. 자전거 도로를 가지고 있는 도시의 거주자들에게는 자전거가 선호되는 교통 수단 이다.
　　　　　　　　　　　　　　　　　　주어　　선호되는　보어　동사

2. 가격이 지난 5년동안 상당히 증가했다.
　주어　　　　　　　　　　동사

3. 당신이 복사기를 사용할 때, 모든 시스템 오작동을 부장님의 책상에 있는 파란 책에 기록해두세요.
　　　　　　　　　　　　　　목적어　　　　　　　　　　　　　동사

4. 우리는 당신의 비행기의 연착에 대해 우리의 사과를 드리기를 원합니다.
　주어　　　　　　　　　　　　　　목적어　동사

5. 정부는 (관광의 하락세가 경제에 나쁜 영향을 미칠 수 있을 것이라고) 발표했다.
　주어　　　　　　목적어(명사절)　　　　　　　동사

6. 우리 회사의 엄격한 보안 정책에 따라서 각 직원은 인트라넷 비밀번호를 15일마다 갱신해야 한다.
　　　　　　　　　　　　　　　　주어　　　　목적어　　　　　동사

[뼈대바르기 연습]

1. Bicycles are the preferred means (of transportation) (for residents) (of cities) (with bike lanes).
    S   V   C   전명구   전명구   전명구   전명구

|해석| 지전거 도로를 가지고 있는 도시의 거주자들에게는 자전거가 선호되는 교통수단이다.

|해설| are(be동사)는 자동사이지만 혼자서는 쓰이지 못하고 항상 보충해주는 말이 뒤에 따라 붙는다. 이를 '보어'라 한다. be동사 뒤에 나오는 명사나 형용사는 '보어'라 부른다. 다음 강에서 자세하게 다룬다.

2. The price has significantly risen (in the last five years).
     S   V   전명구

|해석| 가격이 지난 5년동안 상당히 증가했다.

|해설| has risen은 현재완료시제(have p.p). 나중에 시제파트에서 자세하게 배운다.

3. (When you use the copier), please record all system failures (in the blue book) (on the manager's desk).
        부사절   V   O   전명구   전명구

|해석| 당신이 복사기를 사용할 때, 모든 시스템 오작동을 부장님의 책상에 있는 파란 책에 기록해두세요.

|해설| 주어 없이 동사로 시작한 문장은 명령문. "~해라"로 해석한다. 명령문에는 공손한 표현에 붙는 부사. please가 잘 붙는다.

4. We wish (to offer our apologies) (for the delay) (to your flight).
  S V   O (준동사구─명사구)   전명구   전명구

|해석| 우리는 당신의 비행기의 연착에 대해 우리의 사과를 드리기를 원합니다.

|해설| wish의 목적어 자리에는 명사가 아닌 명사구가 왔다. to부정사구는 명사구의 역할을 하므로 목적어 자리에 쓰일 수 있다.

5. The government announced (that the decrease in tourism could have adverse effect on the economy).
      S   V   O (명사절)

|해석| 정부는 관광의 하락세가 경제에 나쁜 영향을 미칠 수 있을 것이라는 것을 발표했다.

|해설| that은 접속사이므로 뒤에 나오는 주어(decrease), 동사(have), 목적어(effect), 전명구(on the economy)까지 한꺼번에 묶어준다. 동사(announced) 뒤에 나왔으므로 목적어 역할. that이 이끄는 절은 목적어 역할을 했으므로 명사절.

6. Each employee must renew their intranet password (every fifteen days) (according to the
          S   V   O   부사구   전명구

strict security policy) (of our company).
               전명구

|해석| 우리 회사의 엄격한 보안 정책에 따라서 각 직원은 인트라넷 비밀번호를 15일마다 갱신해야 한다.

|해설| 'every+시간명사'는 부사구를 이루며 "~마다"로 해석한다. according to는 묶어서 하나의 전치사이며 "~에 따라서"로 해석한다.

Unit2 동사의 종류 - 1형식

확인학습

1. Next month's workshop is intended to help small business owners (proceed, **develop**) their marketing plans.

|해설| 괄호 뒤에는 명사(their marketing plans)가 있으므로 목적어를 취하는 타동사 자리. proceed는 자동사라서 답이 될 수 없다.

|해석| 다음주의 워크샵은 중소기업 사장들이 그들의 마케팅 계획안을 수립하도록 돕기 위해 의도 되었다.

2. You have to (participate / **register**) for the conference.

|해설| 괄호 뒤에 나온 전치사 for가 단서. participate in / register for. 자동사는 전치사 짝꿍과 함께 외워두자.

|해석| 당신은 회의에 등록해야 합니다.

3. There were (changed / **changes**) to the schedule of the monthly meetings.

|해설| There로 시작하면 1형식 문장. 주어가 도치된 문장구조이므로 동사(were)뒤가 주어자리. 명사만 주어역할을 할 수 있으므로 명사자리.

|해석| 월간미팅의 일정에 변화가 있었다.

[뼈대바르기 연습 Review]

1. The accident occurred yesterday.

      S   V   시간부사

|해석| 사고가 어제 발생했다.

2. The company is proceeding (with its new plan).

      S   V   전명구

|해석| 그 회사는 그 회사의 새로운 계획안을 진행하고 있는 중이다.

3. There is a slight change (to the today's conference schedule).

      V   S   전명구

|해석| 오늘 회의 일정에 대한 약간의 변경사항이 있다.

4. I'll be working (with Sarah) (on your account).

  S   V   전명구   전명구

|해석| 나는 사라와 너의 계정 작업을 할거야. (work with s.b / work on s.t)

※ s.b는 somebody의 약자로 '사람명사'를 의미하고 s.t는 something의 약자로 '사물명사'를 의미한다.

5. Nowadays we rely increasingly (on computers) (for classes in the schools).

    부사   S V   부사   전명구   전명구

|해석| 요즘 우리는 학교에서의 수업을 위해서 점점 더 컴퓨터에 의존합니다.

6. You must comply (with rules).

    S   V   전명구

|해석| 당신은 반드시 규칙을 준수해야 합니다.

7. There is a need (for a change) (in the laws) (regarding property).

  부사 V   S   전명구   전명구   전명구

|해석| 부동산에 관련된 법에 있어서의 변화에 대한 필요가 있습니다 ⇒ 부동사 관련 법규의 변화가 필요합니다.

8. Her work has contributed enormously (to our understanding of this difficult subject).

      S   V   부사   전명구

|해석| 그녀의 작업은 이 어려운 주제에 대한 우리의 이해에 엄청 나게 기여했습니다.

9. She registered (for one of the three online training sessions).

    S   V   전명구

|해석| 그녀는 인터넷 교육과정 중의 하나에 등록했습니다.

10. This year's lack (of interest) (in conference topics) resulted (in a sharp decline in attendance).

       S   전명구   전명구   V   전명구

|해석| 올해의 회의 주제에 대한 관심의 부족은 참석인원에 있어서의 급락의 결과를 초래했습니다.

[기본 문장 영작연습]

1. 그는 열심히 일한다.
영작] **He works hard.**

2. 나는 서류 작업 중이다.
영작] **I'm working on the document.**

3. 집이 있다.
영작] **There is a house.**

[뼈대바르기 연습 Preview]

1. He is (on duty). (2 형식)

    S V   C (전명구)

|해석| 그는 근무 중이다.

2. I know (that you are busy). (3 형식)

    S   V   O (명사절)

|해석| 나는 네가 바쁘다는 것을 안다.

3. I spend a lot of time (on a project). (3 형식)

S　V　형용사　O　　전명구

|해석| 나는 프로젝트에 많은 시간을 쓴다.

4. He gave me a book. (4 형식)

S　V　O　O

|해석| 그는 나에게 책을 주었다.

5. She informed me (that she would come). (4 형식)

S　V　O　　　　O (명사절)

|해석| 그녀는 나에게 그녀가 올 것이라는 것을 알려줬다.

Unit2　동사의 종류 - 2,3,4형식

[확인학습]

1. The warning lights are (clear, clearly) visible.

|해설| are(be동사) 뒤는 보어자리. 그런데 이미 괄호 뒤에 visible(형용사)이라는 보어가 있으므로 그 앞에는 보어가 또 나올 수는 없다. 형용사를 꾸며주는 부사자리. 뒤를 못보고 be동사 뒤니까 형용사라고 실수하지 않도록 주의하자.
|해석| 경고등이 분명하게 보인다.

2. All senior financial analysts should (attend / participate) in the department meeting on Friday.

|해설| 괄호 뒤에는 전치사 in이 있으므로 in과 짝꿍인 자동사 participate이 정답. attend는 타동사 이므로 in 없이 바로 명사목적어가 뒤에 나와야 한다.
|해석| 모든 고위 금융분석가들은 금요일 부서 미팅에 참석해야 한다.

3. I (paid, spent) $15,000 on a new car.

|해설| 뒤에 나온 전치사 on 하고 짝꿍인 spent가 정답. paid가 쓰였다면 "새 차를 위해서 만오천불을 지불했다"가 되야 하므로 전치사 for를 써야 한다.
|해석| 나는 새 차에 만오천불을 썼다.

4. You have to (submit / review) the report to the director by the end of the month.

|해설| 전치사 to와 짝꿍인 submit가 정답. review는 "이사님에게 보고서를 검토해야 한다(X)" 전치사 to와 어울리지 않는다.
|해석| 당신은 이번 달 말까지 이사님에게 보고서를 제출해야 한다.

5. This letter (reminds, explains) you that your subscription expires at the end of the month.

|해설| [___ s.b that~] 특수4형식 구조이므로 reminds가 정답.
|해석| 이 편지는 당신에게 당신의 구독이 이번 달 말에 만료된다는 것을 상기시켜준다.

[뼈대바르기 연습 Review]

1. Tickets are available (on the web site). (2 형식)
     S   V   C   전명구

|해석| 티켓은 웹사이트에서 이용가능 합니다 ⇒ 웹사이트에서 구매하실 수 있습니다.

2. The store displays look great. (2 형식)
          S   Vi   C

|해석| 가게 디스플레이가 좋아 보인다.

3. (Because of her superior organizational skills), Ms. Hwang is the obvious choice (to lead the
                   전명구   S   V   형용사   C 준동사구—형용사구
planning team). (2 형식)

|해석| 그녀의 우월한 조직 능력 때문에, 황여사는 기획팀을 이끌 명백한 초이스이다.

4. The newspaper ads were so successful. (2 형식)
            S   Vi 부사   C

|해석| 신문 광고는 매우 성공적이었다.

5. Photographs (of roses, tulips, and other flowering plants) will be (on display). (2 형식)
     S   전명구   V   C (전명구)

|해석| 장미, 튤립 그리고 기타 다른 화초들의 사진들이 전시될 것이다.

6. Meflin Information System is appreciative (of your interest) (in our services). (2 형식)
                  S   Vi   C   전명구   전명구

|해석| 매플린 인포메이션 시스템은 우리 서비스에 대한 당신의 관심에 감사한다.

7. (After Maria Lopez's promotion), she will be (in charge of quality control of products)
         전명구   S   V   C (전명구)

|해석| 마리아 로페즈의 승진 후에 그녀는 제품의 품질관리를 담당할 것이다.

8. We need (to work hard). (3 형식)
    S   V   O (준동사구—명사구)

|해석| 우리는 일을 열심히 하는 것을 필요로 한다 ⇒ 우리는 열심히 일을 해야 한다.

9. I started (working on the document). (3 형식)
    S   V   O (준동사구—명사구)

|해석| 나는 서류작업을 하는 것을 시작했다.

10. I hope (that you enjoyed your lunch). (3 형식)

    S V   O (명사절)

|해석| 나는 당신이 점심을 맛있게 드셨기를 바랍니다.

---

11. We recently changed the name (of our business) (from GNB Firnace to Syncorp). (3 형식)

    S   부사   V   O   전명구   전명구

|해석| 우리는 최근에 우리 회사의 이름을 지엔피 파이낸스에서 신콥으로 바꿨다.

---

12. Anyone (who wants to participate in the upcoming seminar) should complete a registration

    S   형용사절   V

card. (3 형식)

  O

|해석| 다가오는 세미나에 참석하기를 원하는 어떤 사람도 등록카드를 작성해야 합니다.

---

13. A representative (from your company) should be present (to sign the contract). (3 형식)

    S   전명구   V   C   (준동사구—부사구)

|해석| 당신의 회사에서 온 대표가 계약서에 서명하기 위해 참석해야 한다.

---

14. Our company president decided (to host a special celebration) (at the end of this month). (3 형식)

        S   V   O (준동사구—명사구)   전명구

|해석| 우리회사 사장님은 이번 달 말에 특별축하행사를 개최할 것을 결정했다.

---

15. The sales people told me (that the new email procedure is too complicated). (4 형식)

        S V O   O (명사절)

|해석| 영업부서직원들은 나에게 새로운 이메일 절차가 너무 복잡하다고 말했다.

---

16. The president (of Lars Steel Fabricators) said (that the company will begin buying raw

      S   전명구   V   O (명사절)

materials abroad). (3 형식)

|해석| 라스 스틸 패브리케이터스의 사장은 회사가 해외에서 원자재를 사는 것을 시작할 것이라고 말했다.

---

17. We offer customers a free home delivery service. (4 형식)

    S V   O   O

|해석| 우리는 고객들에게 무료 집 배달 서비스를 제공한다.

18. Please give him my regards. (4 형식-명령문)

            V   O   O

|해석| 그에게 나의 안부를 전달해라.

19. We assure you (that this type of error is very rare and you should not be experiencing any

    S   V   O   O (명사절)

similar difficulties in the future). (4 형식)

|해석| 우리는 이런 종류의 실수는 매우 드물고, 당신이 앞으로는 어떠한 비슷한 문제점도 겪지 않을 것임을 당신에게 안심시켜드리는 바입니다.

[기본 문장 영작연습]

1. 나는 행복하다.
영작] **I am happy.**

2. 나는 학생이다.
영작] **I am a student.**

3. 그는 근무 중이다.
영작] **He is on duty.**

4. 그는 계획을 변경했습니다.
영작] **He changed the plan.**

5. 나는 미팅에 참석하고 싶습니다.
영작] **I want to attend the meeting.**

6. 나는 TV 보는 것을 즐깁니다.
영작] **I enjoy watching TV.**

7. 나는 당신이 바쁘다는 것을 압니다.
영작] **I know that you are busy.**

8. 나는 프로젝트에 많은 시간을 씁니다
영작] **I spend a lot of time on a project.**

9. 당신은 미팅에 참석해야 합니다.
영작] **You have to attend the meeting.**

10. 그는 나에게 책을 주었습니다.
영작] **He gave me a book.**

11. 그녀는 그녀가 올 것이라고 나에게 알려줬습니다.
영작] **She informed me that she would come.**

1. We expect the price (to increase).

    S   V   O   OC (to부정사)

|해석| 우리는 가격이 증가할 것이라고 예상한다.

2. The offer will make me happy.

        S   V   O OC (형용사)

|해석| 그 행사는 내가 행복해지게 만들어 줄 것이다 ⇒ 그 행사는 나를 행복하게 만들어 줄 것이다.

3. I find it easy.

    S V O OC (형용사)

|해석| 나는 그것이 쉽다고 느낀다.

4. We elected him mayor.

    S   V   O OC (명사)

|해석| 우리는 그를 시장으로 선출했다.

5. He helped me find a job.

    S   V   O OC (동사원형)

|해석| 그는 내가 직장을 찾도록 도와줬다.

Unit2 동사의 종류 – 5형식

[해석연습]

1. They asked me to write my name on the form.

⇨ 그들은 내가 서식에 내 이름을 쓸 것을 요청했다.

2. I encourage you to consider taking our next seminar.

⇨ 나는 당신이 다음 세미나를 듣는 것을 고려해볼 것을 장려하는 바이다.

3. The system enables him to manage his team effectively.

⇨ 이 시스템은 그가 그의 팀을 효과적으로 관리하는 것을 가능하게 만들어 준다.

4. keep the car ready.

⇨ 차를 준비상태로 유지하세요 ⇒ 차 대기시켜 놓으세요.

5. I find his attitude unbearable.

⇨ 나는 그의 태도가 참을 수 없다고 생각한다.

6. They named their son John.

⇨ 그들의 그들의 아들을 존이라고 이름 붙였다.

7. I made him go.

⇨ 나는 그가 가게 만들었다.

8. I'll have him call you.

⇨ 나는 그를 시켜서 너에게 전화하게 만들 것이다.

9. It makes me think that you are right.

⇨ 그것은 당신이 옳다고 내가 생각하게 만든다.

[확인학습]

1. Our online services (**allow**, let) you to view your account.

|해설| [____ 목적어 to do~] to부정사가 목적보어로 쓰인 5형식 구조이므로 allow가 정답.

|해석| 우리 인터넷 서비스는 당신이 당신의 계좌를 보도록 허용해줍니다.

2. Nakasone Engineering wants to make the partnership between the marketing and research departments (**strong**, strongly).

|해설| 앞에 나온 make동사를 보고 먼저 5형식 가능성을 떠올려야 한다. 길지만 'the partnership ~ department' 까지가 목적어고, 그 뒤에는 make의 목적보어인 형용사가 나올 자리.

|해석| 나카소네 엔지니어링사는 마케팅부서와 연구부서 사이에 파트너쉽을 강력하게 만들기를 원한다.

3. The Armani Group expects all of its employees (work, **to work**) in an efficient manner.

|해설| 앞에 나온 expect는 to부정사를 목적보어로 취하는 5형식 동사이므로 to work이 정답.

|해석| 알마니 그룹은 모든 직원들이 효율적인 방식으로 일하기를 기대한다.

4. Employees agreed to have their wages (reduce, **reduced**).

|해설| have동사를 "가지다"로 해석했을 때 어색하게 느껴지면 '사역동사'를 떠올리자. have가 사역동사로 쓰이면 목적보어 자리에는 동사원형/p.p가 나올 수 있고, 둘 중 뭐가 나오는 지는 목적어와 의미상 관계를 따져본다. "봉급을 줄이다" 'O-V' 관계이므로 p.p형태인 reduced가 정답.

|해석| 직원들은 (누군가를 시켜서) 그들의 봉급이 삭감되게 만드는 것을 합의했다.

[뼈대바르기 연습 Review]

1. (If you give me your name and address), I'll have another copy sent (to you).						
부사절		S	V	형용사	O	OC	전명구

|해석| 만약 당신이 나에게 당신의 이름과 주소를 준다면, 나는 (누군가 시켜서) 또다른 카피본이 당신에게 보내지게 만들 것이다.

2. Videoconferencing allows sales representatives to make presentation efficiently to the
　　　　　　　S　　　　　　V　　　　　　O　　　　　　OC

clients throughout the world.

|해석| 화상회의는 영업사원들이 전세계 도처에 있는 고객들에게 발표를 효율적으로 하도록 허용해준다.

---

3. We allow our club members (to attend the seminar at no cost).
　　S　　V　　　　O　　　　　　　　　　OC

|해석| 우리는 우리 클럽의 회원들이 무료로 세미나에 참석하는 것을 허용합니다.

---

4. You can have your laundry delivered.
　　S　　　V　　　　O　　　OC

|해석| 너는 (누군가를 시켜서) 너의 세탁물이 배달되게 만들 수 있다.

---

5. Last week's unusually cold weather makes farmers (across the region) worried about next
　　　　　　　　　　부사　　　형　　S　　　V　　　O　　　전명구　　　　　　OC

season's harvest.

|해석| 지난주의 이례적으로 추운 날씨는 전 지역에 있는 농부들을 다음시즌의 추수에 대해 걱정하게 만들었다.

---

6. The L Frozen Food Company expects its shipping department to process product orders in an
　　　　　　　　　　　　　S　　　V　　　　　　　　O　　　　OC

efficient manner.

|해석| 프로즌 푸드 컴퍼니는 회사의 배송부서가 효율적인 방식으로 제품주문을 처리할 것을 기대한다.

---

7. I'll call our supplier and ask him to send us boxes for the sample bottles.
　　S　V1　　　O　　and V2　O　　OC

|해석| 나는 우리 납품업체에 전화를 할 것이고, 그가 우리에게 병 샘플을 위한 박스를 보내도록 요청할 것이다.

|해설| and가 나오면 앞뒤에 절이 병렬구조가 되고, 동일한 부분은 생략 가능하다. 위의 문장은 주어가 동일해서 생략된 구조. : I'll call our supplier and (I'll) ask him to send ~. 접속사 파트에서 배울 내용.

---

8. We hope (that these extended hours make our work more convenient).
　　S　V　　O (명사절)　　　　　　S　　　V　　O　　　　OC

|해석| 우리는 이 연장된 (근무)시간이 우리 작업을 더욱 편리하게 만들어줄 것을 희망한다.

9. Thank so much **(for helping me coordinate the training session for our sales representatives**
　　V　　　부사　　　　　　　　　　　　전명구 (전치사+명사구)
in the southern region).

|해석| 내가 남부 지역의 우리 영업사원들을 위한 다음달의 교육과정을 조율, 관리하게 도와준 것에 대해서 매우 감사드립니다.

|해설| for helping ～ : 전치사+명사구 ⇒ "도와준 것 때문에 감사하다" help 동사는 5형식 구조로 쓰임.

[명사구 분석] **helping me coordinate the training session (for our sales representatives) (in the southern**
　　　　　　 V 　O 　OC　　　　　　　　　　　　　　　전명구　　　　　　　　　　전명구
region).

10. Ms. Lee helped me select a design for business cards.
　　　S　　 V 　O 　OC

|해석| 미스리는 내가 명함을 위한 디자인을 고르도록 도와주었다.

11. The drugs will help accelerate her recovery.
　　　　　 S 　　　　 V 　　　　 O

|해석| 이 약들은 그녀의 회복을 앞당기도록 도와줄 것이다.

12. The travel agency advises international travelers to check (that their passports are current)
　　　　　　　　 S 　　 V 　　　　　　　　 O 　　 OC 　　　check 의 목적어 (명사절)
(before they travel abroad).
　　 부사절 축약형

|해석| 여행사는 관광객들이 해외로 여행하기 전에 그들의 여권이 만료되지 않았는지를 확인하도록 충고한다.

13. A recent survey named Streitel, Inc., one of the ten best small companies in the country.
　　　 형　　 S 　 V 　　 O 　　 OC

|해석| 최근에 한 설문조사는 스트레이틀 사를 그 나라에서 최고 10대 중소기업중의 하나로 선정했다.

14. Most employees welcomed the company's relocation (to Heaventon) (because they
　　　 형　　 S 　　 V 　　　　　　　 O 　　　　 전명구 　　 부사절 　 S
considered it an attractive place) (to raise children).
　　 V 　O 　　　 OC 　　 준동사구―형용사구

|해석| 대부분의 직원들은 해븐튼으로의 회사의 이주를 환영했다. 왜냐하면 그들은 그 곳(해븐튼)이 아이를 키우기에 매력적인 곳이라고 간주하기 때문이다.

[기본 문장 영작연습]

1. 우리는 가격이 증가할 거라고 예상한다.

영작] **We expect the price to increase.**

2. 그는 나를 행복하게 만들어 준다.

영작] **He makes me happy.**

3. 나는 그것이 쉽다고 느낀다.

영작] **I find it easy.**

4. 우리는 그를 시장으로 선출했다.

영작] **We elected him mayor.**

5. 나는 누군가를 시켜서 내 차를 고치게 만들 것이다. (Have)

영작] **I'll have my car fixed.**

6. 나는 그를 시켜서 내 차를 고치게 만들 것이다. (Have)

영작] **I'll have him fix my car.**

7. 그는 내가 일자리를 찾도록 도와줬다. (Help)

영작] **He helped me to find a job. / He helped me find a job.**

8. 그는 일자리를 찾는 것을 도와줬다. (Help)

영작] **He helped find a job.**

[뼈대바르기 연습 Preview - 수동태]

1. The matter will be dealt with.

      S   be p.p   전치사

|해석| 그 일은 다루어 질 것이다.

2. He was provided (with a book).

   S   be p.p   전명구

|해석| 그는 책을 제공 받았다.

3. I was given a book.

   S   be p.p   O

|해석| 나는 책을 받았다.

4. The price is expected to increase.

      S   be p.p   OC

|해석| 가격이 오를 것으로 예상된다.

5. The repair is considered necessary.

     S   be p.p   OC

|해석| 수리가 필요한 것으로 간주된다.

6. He was elected mayor.

     S   be p.p   OC

|해석| 그는 시장으로 선출되었다.

[동사 최종점검 Practice]

1. I spend a lot of time on a project. [3형식]

⇨ 나는 프로젝트에 많은 시간을 씁니다.

2. We elected him president. [5형식]

⇨ 우리는 그를 대통령으로 선출했습니다.

|해설| elect외에도 appoint, call, name, consider 등의 명사보어를 취하는 5형식 동사가 쓰일 수 있다.

3. I'm working on the document. [1형식]

⇨ 나는 서류 작업을 하고 있습니다.

4. She informed me that she would come. [특수4형식]

⇨ 그녀는 나에게 그녀가 올 것이라는 것을 알려주었습니다.

5. He is on duty. [2형식]

⇨ 그는 근무중입니다.

|해설| be동사 외에도 become, remain, seem 등의 2형식 동사들이 쓰일 수 있다.

6. We expect the price to increase. [5형식]

⇨ 우리는 가격이 증가할 것이라고 예상합니다.

7. She mentioned to me that she would come. [3형식]

⇨ 그녀는 그녀가 올 것이라는 것을 나에게 언급했습니다.

|해설| 'to me'는 전명구로써 중간에 삽입된 '살'이므로 3형식. mention 외에도 announce, explain, suggest등의 특수4형식과 혼동하기 쉬운 3형식 동사들이 이 자리에 구조적으로 쓰일 수 있다.

8. He helped me find a job. [5형식]

⇨ 그는 내가 직장을 구하는 것을 도와줬습니다.

9. I find it easy. [5형식]

⇨ 나는 그것이 쉽다고 생각합니다.

10. He gave me a book. [4형식]

⇨ 그는 나에게 책을 주었습니다.

|해설| give외에도 send, offer, award 등의 일반 4형식 동사들이 쓰일 수 있다.

Unit 3 동사의 형태변화-수동태

[확인학습]

1. Merchandise will not (**be accepted** / accept) for refund.

|해설| 1) 목적어의 유무를 따져보면 뒤에 목적어 없으므로 수동. double check해보면 2) 주어와 의미상 관계를 따져 "제품을 수락하다" 'O-V'관계이므로 역시 수동태인 be accepted가 정답.
|해석| 제품은 환불을 위해 수락되지 않을 것이다.

2. When you are (reserved / **reserving**) a room, please call in advance.

|해설| 목적어(a room)가 있는 경우는 무조건 능동. reserving이 정답.
|해석| 당신이 방을 예약할 때, 미리 전화하세요.

3. The finance manager (is concluded / **concludes**) that the company spent too much money on office equipment..

|해설| 괄호 뒤에 나온 that절은 명사절이므로 목적어 역할을 할 수 있다. 목적어가 있으므로 능동태인 concludes가 정답.
|해석| 재무부장은 회사가 너무 많은 돈을 사무실설비에 썼다고 결론지었다.

4. Sandy (**plans** / is planned) to open a new store.

|해설| 뒤에 to부정사가 있는 경우는 까다롭다. to부정사를 목적어로 취하는 동사들도 있기 때문이다. 그 경우 목적어가 있는 것이라 능동이 정답. 그런데 to부정사가 만약 목적보어라면 목적어는 없는 거라 수동이 정답. 그러므로 이때는 double check해보자. 주어와 의미상 관계를 따져보면 "샌디가 계획한다" 'S-V'관계이므로 능동태인 plans가 정답.
|해석| 샌디는 새로운 가게를 오픈하는 것을 계획하고 있다.

5. The manager (has been arrived / **has arrived**) at the branch office.

|해설| has been arrived는 p.p(arrived) 앞에 be동사(been)가 있으므로 수동태 형태. 반면 has arrived는 다음 강에서 배울 현재완료시제로써 능동형태다. 일단 목적어의 유무를 따져보면 목적어 없으니까 수동태라고 실수 하기 쉬운 문제! arrive는 자동사이므로 수동태를 만들 수 없다. 그러므로 목적어가 없는 경우는 반드시 double check 해보자. "매니저가 도착했다" 'S-V'관계이므로 능동태인 has arrived가 정답.
|해석| 매니저가 지사에 도착했다.

6. All the questions from customers must be _____ as promptly as possible.

(A) replied   (B) responded   **(C) answered**   (D) reacted

|해설| 빈칸 앞에는 be동사가 나와있고 보기에 나온 동사들은 모두 p.p형태이기 때문에 수동태 구조. 그런데 자동사들은 수동태로 쓸 수 없으므로 수동태 구조에 자동사는 모두 정답이 될 수 없다. reply to / respond to / react to 모두 전치사 to를 수반하는 자동사이므로 정답은 유일한 타동사인 answer.

|해석| 고객들로부터의 모든 질문들은 가능한 신속하게 답변되어야 한다.

7. The employment contract will be (**terminated** / expired) next month.

|해설| be동사 뒤에 역시 p.p형태가 나왔으므로 수동태 구조. expire는 '만료되다'는 의미의 자동사이므로 정답이 될 수 없다. 타동사인 terminated가 정답.

|해석| 고용계약은 다음 달에 종료될 것이다.

[수동태 능동으로 전환 Practice] - 수동태의 주어를 동사 뒤로

1. Certain conditions have to be complied with. (1 형식)

              S   be p.p   + 전치사

⇨ **S have to comply with certain conditions.**

|해석| 특정 조건이 준수되어야 한다.

2. He was provided (with information). (3 형식)

  S   be p.p   전명구

⇨ **S provided him with information**

|해석| 그는 정보를 제공 받았다.

3. I was offered a job. (4 형식)

  S   be p.p   O

⇨ **S offered me a job.**

|해석| 나는 일자리를 제공 받았다.

4. I was sent the letter. (4 형식)

  S   be p.p   O

⇨ **S sent me the letter**

|해석| 나는 편지를 받았다.

5. Students are required (to submit a term paper). (5 형식)

    S   be p.p   OC

⇨ **S require students to submit a term paper.**

|해석| 학생들은 학기 보고서를 제출하도록 요구된다.

6. You will **be allowed** (to board from 7 o'clock). (5 형식)

    S   be p.p   OC

⇨ **S will allow you to board from 7 O'clock.**

|해석| 당신은 7시부터 탑승하도록 허용될 것입니다.

7. A photo should **be attached** (to the application form). (3 형식)

    S   be p.p   전명구

⇨ **S should attach a photo to the application form.**

|해석| 사진이 지원서에 부착되어야 한다.

8. The information will **be made available** (to us). (5 형식)

    S   be p.p   OC . 전치사

⇨ **S will make information available to you.**

|해석| 그 정보는 우리에게 이용 가능하게 만들어 질 것이다 ⇨ 제공될 것이다.

9. Personal information will **be kept confidential.** (5 형식)

        S   be p.p   OC

⇨ **S will keep personal information confidential.**

|해석| 개인정보가 기밀로 유지될 것이다.

10. He was appointed vice president. (5 형식)

    S   be p.p   OC

⇨ **S appointed him vice president.**

|해석| 그는 부사장으로 지명되었다.

11. The company is called Landor Associates. (5 형식)

    S   be p.p   OC

⇨ **S call the company Landor Assoicated.**

|해석| 그 회사는 랜더 어소시에잇으로 불린다.

12. Employment applications must **be filled out** completely. (1 형식)

             S   be p.p   준동사구–부사

⇨ **S must fill out employment applications completely.**

|해석| 고용지원서는 완전하게 작성되어야 한다.

13. The money could more usefully **be spent** (on new equipment). (3 형식)

     S   조동사   부사   be p.p   전명구

⇨ **S could spend the money more usefully on new equipment.**

|해석| 그 돈은 새로운 설비에 더 유용하게 쓰일 수 있을 텐데.

[뼈대바르기 연습 Review]

1. The company's future sales may be affected (by the growth of its competitors). (3 형식)

                        S   be p.p   전명구

|해석| 그 회사의 미래 매출은 경쟁업체의 성장에 영향을 받을지도 모른다.

2. The finance manager concluded (that the company spent too much

                    S   V   O (명사절)

money on office equipment). (3 형식)

|해석| 재무 부장은 회사가 너무 많은 돈을 사무실 설비에 쓰고 있다고 결론내렸다.

3. All the applications must be directed (to the personnel department). (3 형식)

                    S   be p.p   전명구

|해석| 모든 지원서는 인사과로 보내져야한다. (향해져야 한다)

4. The management is concerned (about the current lack of labor). (3 형식)

               S   be p.p   전명구

|해석| 경영진은 현재 노동력의 부족에 대해 우려하고 있다.

5. Charming International Hotel is situated (in the heart of Naples). (3 형식)

                     S   be p.p   전명구

|해석| 차밍인터네셔널 호텔은 네이플 도시의 심장부에 위치해있다.

6. The passengers are asked (to take their seats) (before takeoff). (5 형식)

              S   be p.p   OC   전명구

|해석| 승객들은 이륙 전에 착석하도록 요구된다.

7. The employees were informed (of the change in the company policy). (3 형식)

              S   be p.p   전명구

|해석| 직원들은 회사 정책의 변경사항에 대해 공지 받았다.

8. Bill Gates is considered a great CEO (in the computer industries today). (5 형식)

            S   be p.p   OC   전명구

|해석| 빌게이츠는 오늘날 컴퓨터 업계에서 훌륭항 대표이사로 간주된다.

[기본 문장 영작연습]

1. 그 문제가 다뤄질 것입니다.

영작] **The matter will be dealt with.**

2. 그는 책을 제공 받았습니다 (3형식)

영작] **He was provided with the book.**

3. 그는 책을 받았습니다 (4형식)

영작] **He was given a book.**

4. 가격이 오를 것으로 예상됩니다.

영작] **The price is expected to increase.**

5. 수리가 필요한 것으로 간주됩니다.

영작] **The repair is considered necessary.**

6. 그는 시장으로 선출되었습니다.

영작] **He was elected mayor.**

[뼈대바르기 연습 Preview]

1. What do you do? / What are you doing?

|해석| 당신은 무엇을 합니까 → 직업이 무엇입니까? / 당신은 무엇을 하고 있습니까? → 지금 모하니?

2. When the meeting is over, call me.

|해석| 미팅이 끝날 때 나에게 전화해.

3. I lost my wallet yesterday.

|해석| 나는 어제 내 지갑을 잃어버렸다.

4. He is coming back this afternoon.

|해석| 그는 오늘 오후에 돌아올 것이다.

5. I will be studying this weekend.

|해석| 나는 이번 주말에 공부할 예정이야

Unit 3 동사의 형태변화-시제 I

시제	형태	예문	into Korean
현재		He makes cakes.	그는 케익을 만든다 (제빵사다)
과거		He made cakes.	그는 케익을 만들었다.
미래	will + 동사원형	He will make cakes.	그는 케익을 만들 것이다.
현재진행	is,are ~ing	He is making cakes.	그는 케익을 만들고 있는 중이다.
과거진행	was, were ~ing	He was making cakes.	그는 케익을 만들고 있는 중이었다.
미래진행	will be ing	He will be making cakes.	그는 케익을 만들 예정이다.
현재완료	have p.p	He has made cakes.	Duration – 그는 케익을 만들어왔다. 교차성 – 그는 케익을 다 만든 상태다.
과거완료	had p.p	He had made cakes.	Duration – 그는 케익을 만들어 왔었다. 교차성 – 그는 케익을 다 만든 상태였다.
미래완료	will have p.p	He will have made cakes.	Duration – 그는 (다음주까지면) 케익을 (10년째) 만든 게 될 것이다. 교차성 – 그는 케익을 다 만든 상태일 것이다.
현재완료진행	have been ing	He has been making cakes.	그는 케익을 만들어 왔고, 지금도 만들고 있다.
과거완료진행	had been ing	He had been making cakes.	X
미래완료진행	will have been ing	He will have been making cakes.	X

시제	형태	예문	into Korean
현재	is, are	He is kind	그는 친절하다
과거	was, were	He was kind.	그는 친절했다.
미래	will be	He will be kind.	그는 친절 할 것이다.
현재완료	have been	He has been kind.	그는 (예전부터 지금까지) 친절해 왔다.
과거완료	had been	He had been kind.	그는 (그전부터 그때까지) 친절했다.

시제	형태	예문	into Korean
현재	have, has	I have breakfast	나는 늘 아침을 먹는다
과거	had	I had breakfast.	나는 아침을 먹었다.
미래	will have	I will have breakfast.	나는 아침을 먹을 것이다.
현재진행	am,is,are having	I am having breakfast.	나는 아침을 먹고 있는 중이다.
과거진행	was, were having	I was having breakfast.	나는 아침을 먹고 있는 중이었다.
미래진행	will be having	I will be having breakfast.	나는 아침을 먹을 예정이다.

현재완료	have had	I have had breakfast.	나는 아침을 다 먹은 상태다.
과거완료	had had	I had had breakfast.	나는 아침을 다 먹은 상태였다.

확인학습

1. Mrs. Pollac (**plays** / play) tennis every weekend.

|해설| Mrs. Pollac은 3인칭 단수명사이므로 현재시제에는 반드시 s가 붙어야 한다.

|해석| 폴락씨는 주말마다 테니스를 칩니다.

2. At this rate, he will (usually / **soon**) complete his project.

|해설| will이 나왔으므로 이 문장은 미래시제. usually는 현재시제와 짝꿍이므로 답이 될 수 없다. 부사문제에서 시제는 종종 중요한 단서가 된다.

|해석| 이 속도라면 그는 그의 프로젝트를 곧 끝낼 것이다.

3. Mr. Song (suffers / **was suffering**) from cold when he came back from the business trip.

|해설| suffers는 현재시제이므로 '늘 앓는다'는 반복의 의미가 된다. 의미상 어색. 게다가 뒤에서 "그가 출장에서 돌아 왔을 때"라는 과거 시점이 주어졌으므로 그 과거 시점에 일시적으로 진행되고 있던 동작을 묘사. 그러므로 과거 진행이 정답.

|해석| 송씨는 출장에서 돌아왔을 때 감기를 앓고 있는 중이었다.

4. Last Saturday, the bank (has approved / **approved**) the loan after a long procedure.

|해설| last Saturday가 있으므로 과거시제가 정답.

|해석| 지난 토요일에 오랜 절차 끝에 은행은 대출을 승인했다.

5. Mr. Chen (**finished** / finishes) reviewing the summary yesterday.

|해설| yesterday가 있으므로 과거시제가 정답.

|해석| 첸씨는 어제 요약본을 검토하는 것을 끝냈다.

6. The board (convened / **will convene**) an executive session tomorrow.

|해설| tomorrow가 있으므로 미래시제가 정답.

|해석| 이사회는 내일 임원회의를 소집할 것이다.

[뼈대바르기 연습 Review]

1. New members will be joining our team.
       S   V   O

|해석| 새 직원들이 우리 팀에 합류할 예정입니다.

2. Mrs. Pollac plays tennis every weekend. [현재 : 반복]
         S   V   O   시간부사 (주말마다)

|해석| 폴락씨는 매주말 테니스를 친다.

3. The program will be starting 15 minutes later. [미래진행 : 예정된일]
　　　S　　　　　　　V　　　　　　시간부사

|해석| 이 프로그램은 15분 후에 시작할 것이다.

4. I am traveling (to Hong Kong) this summer. [현재진행 : 미래대신]
　　S　　V　　　　전명구　　　　시간부사

|해석| 나는 이번 여름에 홍콩으로 여행갈 것이다.

5. There will be 8 clients (at the meeting). [미래]
　　　　V　　　　S　　　　　전명구

|해석| 미팅에는 8명의 고객이 있을 것이다.

6. It always rains in July. [현재 : 반복] **vs. Look! It's raining.** [현재진행 : 현재동작]
　　S　　　　V　　　　　　　　　　　　　　　S　V

|해석| 7월에는 항상 비가 온다 (늘) vs. 봐! 비가 오고 있어.

7. (As soon as you receive my e-mail), please let me (know your decision).
　　　　시간부사절　　　　　　　　　　　　　V　O　　　　　OC

|해석| 네가 이메일을 받자 마자, 너의 결정을 나에게 알려줘
|해설| 명령문 ⇒ 미래 의미 : 시간부사절은 미래를 대신한 현재.

8. (Once we receive your resume), you will be reviewed (for the position).
　　　　시간부사절　　　　　　　　S　　　　V　　　　　전명구
[미래 수동 : 시간부사절은 미래를 대신한 현재]

|해석| 일단 우리가 네 이력서를 받고나면, 당신은 그 자리를 위해 심사될 것이다.
○ 수동태 시제는 내일 자세하게 배워요!

9. Mr. Chen finished (reviewing the summary yesterday). [과거 : 과거시점에서의 동작]
　　　S　　　V　　　　　　O (준동사구─명사구)

|해석| 첸씨는 어제 요약본을 검토하는 것을 끝냈다.

10. Chetford Castle stands (on a hill) (outside the town). [현재 : 일반사실 "늘"]
　　　　S　　　　V　　　　전명구　　　　전명구
vs. The baby is standing (on the table). [현재진행 : 현재동작 "한시적"]
　　　　S　　V　　　　전명구

|해석| 체포드 캐슬은 마을 외곽에 언덕 위에 서있다 / 아기가 테이블 위에 서있다.

11. I go (to the mountains) about twice a year. [현재 : 반복]
   S V   전명구

|해석| 나는 일년에 두 번 정도 산에 간다.

12. (When you called me), I was watching TV. [과거진행 : 과거시점에 한시적 동작]
            부사절   S   V   O

|해석| 네가 나한테 전화했을 때, 나는 테레비를 보고 있는 중이었어.

13. Professor Baxter will be giving another lecture (on Roman glass-making) (at the same time
            S   V   O   전명구   시간부사
next week). [미래진행 : 예정된일]

|해석| 박스터 교수는 다음주 같은 시간에 로마의 유리 만들기에 대한 또 다른 강의를 할 예정입니다.

[기본 문장 영작연습]

1. 나는 보통 아침식사를 한다.
영작] **I usually have breakfast.**

2. 나는 일요일마다 교회에 간다.
영작] **Every Sunday I go to church.**

3. 내일 비가 오면 우리는 야유회를 취소할 것이다.
영작] **If it rains tomorrow, we'll cancel the picnic.**

4. 나는 어제 지갑을 잃어버렸다.
영작] **I lost my wallet yesterday.**

5. 나 이번 주말에 공부할거야. (현재결정) / 나 이번 주말에 공부할거야. (예정된 일)
영작] **I will study this weekend. / I will be studying this weekend.**

6. 나 일하고 있어.
영작] **I am working now.**

7. 그가 오늘 오후에 돌아와.
영작] **He is coming back this afternoon.**

8. 나 샤워 중이었어. (네가 전화했을 때)
영작] **I was taking a shower.**

9. 이번 주말에 공부할 예정이야.
영작] **I will be studying, this weekend.**

1. I have lived here since 2010.

|해석| 나는 2010년 이래로 여기에 살아 오고 있다.

2. I have just finished.

|해석| 나 방금 끝났어.

3. When I was in high school, I had played Tennis for two years.

|해석| 내가 고등학교 때, 나는 2년동안 테니스를 쳤었다.

4. When I got there, he had already left.

|해석| 내가 거기에 도착했을 때, 그는 이미 떠나고 없었다.

5. By next year, he will have worked for ten years for the company.

|해석| 내년 즘에는, 그는 우리 회사에서 10년째 일한 것이 될 것이다.

6. By the time I arrive, he will have already left.

|해석| 내가 도착할 때 즘이면 그는 이미 떠나고 없을 것이다.

7. I have been thinking of you.

|해석| 나는 계속 네 생각만 하고 있어.

Unit3 동사의 형태변화-시제 II

확인학습

1. She (studies / **studied** / has studied) chemistry when she was at college.

|해설| 시간부사절 when 뒤에 과거시제(was)가 나왔으므로 주절도 과거류가 나와야 한다.

|해석| 그녀는 대학교 때 화학을 공부했다.

2. I (know / **have known**) Sam for ten years.

|해설| for ten years는 기간의 의미이므로 완료시제가 정답.

|해석| 나는 10년동안 샘을 알아왔다.

3. Since last summer, he (writes / **has written** / wrote) three books.

|해설| since가 나오면 3초짜리 문제. 주절에서는 현재완료가 정답.

|해석| 지난 여름 이래로 그는 3개의 책을 집필해왔다.

4. As soon as you (will receive / **receive**) my e-mail, please let me know your decision.

[주절이 명령문 : 명령문은 미래시제 / 시간부사절은 미래를 대신한 현재]

|해설| as soon as가 이끄는 시간부사절의 시제는 주절과 일치한다. 그런데 주절에서는 명령문이 나왔고, 명령문은 '앞으로 ~해라'라는 의미이므로 미래시제로 간주된다. 그렇다고 주절이 미래시제이므로 시간부사절도 미래를 골라오면 안된다. 시간부사절에서는 미래 대신 현재를 쓰므로 현재시제가 정답.

|해석| 당신이 내 이메일을 받자마자 당신의 결정을 나에게 알려주세요.

5. MOV Graphic (**has increased** / had increased) its workforce by 20 percent over the last two years.

|해설| over the last two years는 '지난 2년동안'으로 2년전부터 지금까지를 의미하는 기간의 의미. 2년의 기간이 현재에 끝나는 것이므로 현재완료가 정답.

|해석| 엠포비 그래픽사는 지난 2년동안 직원을 20퍼센트 늘려왔다.

6. By next August, Mr. Kang (have worked / **will have worked**) at the Heavens Co. for 8 years.

|해설| for 8years는 기간의 의미. 그런데 8년의 기간이 끝나는 시점은 next August인 미래. 그렇다면 8년의 기간은 과거에 시작해서 미래에 끝나는 것이므로 미래완료가 정답.

|해석| 다음 8월까지면 강씨는 해븐스사에서 8년동안 일한 게 될 것이다.

7. He (finds / **found**) out that his boss had been fired.

|해설| that절 뒤에서 had p.p 형태의 과거 완료시제가 쓰였다. 과거완료는 과거보다 더 이전을 의미하므로 과거시제 없이 과거완료가 바로 나올 수는 없다. 그러므로 과거시제인 found가 정답. 그가 알게 된 것은 '과거' / 상사가 해임된 것은 그 보다 더 이전이므로 '과거완료'.

|해석| 그는 그의 상사가 해임되었다는 것을 알게됐다.

8. Since last June, the company (experienced / **has experienced**) a difficult time.

|해설| since가 있으므로 현재완료가 정답. 3초짜리 문제.

|해석| 지난 유월이래로 그 회사는 어려운 시간을 겪어왔습니다.

[뼈대바르기 연습 Review]

1. I haven't heard (from her) (for a long time). [현재완료–Duration]
   S   V   전명구   전명구

|해석| 나는 오랫동안 그녀로부터 소식을 듣지 못했다. (과거부터 지금까지)

2. I've already registered (for the conference). [현재완료–교차성]
   S   V   전명구

|해석| 나는 이미 회의에 등록한 상태다

3. Your meal has been paid for. [현재완료 수동–교차성 / 1형식수동:전치사로 끝남]
     S   be p.p   전치사

|해석| 당신의 식사비는 지불된 상태다.
|능동전환| s.b has paid for your meal.

4. They don't work hard but they are being paid a lot of money. [but 이후: 현재 진행 수동 / 4형식 수동]
   S   V   but S   be p.p   O

|해석| 그들은 열심히 일하지 않지만 많은 돈을 지불 받고 있는 중이다.
|능동전환| s.b is paying them a lot of money

5. I realized (that we had met before). [that절: 과거 완료 – 교차성]

   S   V   O (명사절)

|해석| 나는 우리가 이전에 만난 적이 있는 상태라는 것을 깨달았다.

6. There has been a significant increase (in the number) (of tourists) (to Seoul) (this year).

            V   S   전명구   전명구   전명구   시간부사

                                                         [현재완료 – Duration]

|해석| 올해 서울로 오는 관광객의 숫자에 상당한 증가가 있어왔다. (올래 초부터 지금까지)

7. They have already booked a flight (to Beijing). [현재완료 – 교차성]

   S   V   O   전명구

|해석| 그들은 이미 북경행 비행기를 예약한 상태다.

8. (When I arrived at the party), Lucy had already gone home. [과거완료 – 교차성]

        부사절   S   V   부사

|해석| 내가 파티에 도착했을 때, 루씨는 이미 집에 가고 없는 상태였습니다.

9. (When they got married), they had known each other (for 15 years). [과거완료–duration]

        부사절   S   V   O   전명구

|해석| 그들이 결혼했을 때, 그들은 15년간 서로를 알아왔던 사이였습니다.

10. (As soon as he had finished his exams), he went (to Paris). [과거완료 / 과거)]

        부사절   S V   전명구

|해석| 그는 시험을 끝내자마자 파리에 갔다.

11. We will never be told the real truth. [미래 수동 / 4형식 수동]

   S   be p.p   O

|해석| 우리는 진실을 절대 듣지 못할 것이다.

|능동전환| s.b will never tell us the real truth.

12. The house has been made beautiful. [현재완료 수동–교차성 / 5형식 수동]

     S   be p.p   OC

|해석| 그 집은 아름답게 만들어진 상태다.

|능동전환| s.b has made the house beautiful.

13. (When I went back to the village), the house has been pulled down. [과거완료 수동-교차성]

     (부사절)   S   be p.p

|해석| 내가 마을로 돌아갔을 때, 그 집은 철거되어 있는 상태였다.

|능동전환| s.b had pulled down the house.

---

14. Some leaves have been gathered (into a pile). [현재완료 수동-교차성]

    S   be p.p   전명구

|해석| 낙엽들이 한 더미 끌어 모아져 있는 상태다.

|능동전환| s.b has gathered some leaves into a pile.

---

15. I told her (that I had finished). [that이하: 과거 완료-교차성 / 4형식]

  S V O   O (명사절)

|해석| 나는 그녀에게 다 끝난 상태라고 말했다.

---

16. The schedule (for the monthly meeting) has been updated. [현재완료 수동-교차성]

    S   전명구   be p.p

|해석| 월례 미팅을 위한 일정이 업데이트 된 상태다.

|능동전환| s.b has updated the schedule for the monthly meeting.

---

17. (By the time the magazine is published), the decision (on maintenance contract) will have been made. [미래완료 - 교차성]

             부사절   S   전명구   be p.p

|해석| 잡지가 출간될 때 즘에는, 유지보수 계약에 관한 결정이 이루어진 상태일 것이다.

|능동전환| s.b will have made the decision on maintenance contract.

---

18. Lisa Catering has been providing outstanding catering services (for over 10 years). [현재완료 진행]

    S   V   O   시간부사구

|해석| 리자 케이터링은 10년 넘게 훌륭한 출장뷔페 서비스를 제공해오고 있는 중이다.

---

19. A special exhibition (from Egypt) is being held (in Goya Gallery) (in New York). [현재진행수동]

     S   전명구   be p.p   전명구   전명구

|해석| 이집트에서 온 특별 전시가 뉴욕에 고야 갤러리에서 열리고 있는 중이다.

|능동전환| s.b is holding a special exhibition in Goya Gallery in New York.

---

20. The team has been working hard (to make next month's product launch go smoothly). [현재완료진행]

    S   V   준동사구-부사구

|해석| 그 팀은 다음달의 제품 출시가 순조롭게 진행되도록 만들기 위해서 열심히 일해오고 있는 중이다. (현재도 열심히 일하고 있는 중임을 강조)

to make next month's product **launch go** smoothly

                      V   O   OC

make는 사역동사로써의 동사원형 목적보어(go)를 취함. (ex. make me go)

---

21. (Before it was named one of the best small businesses in the region), the company had not

                      (시간부사절)   S   V

considered (expanding its operations nationwide). [시간부사절: 과거 / 주절: 과거 완료]

        O (준동사구→명사구)

|해석| 이 지역에서 최고의 중소기업 중에 하나로 선정되기 전에, 이 회사는 전국적으로 사업을 확장하는 것을 고려하지는 않았었다. (선정된 건 과거 / 고려했던 건 그 이전)

|능동전환| before it was named one of the~ ⇒ before s.b named it one of the best small businesses in the region.

[시간부사절 분석] **Before it was named (one of the best small businesses in the region)**

                              S   be p.p   OC (5형식 수동 - 명사목적보어)

---

22. Did you see the movie last week? / Have you seen the movie this week? [과거/과거완료]

          S   V   O   S   V   O

|해석| 너는 지난주에 그 영화 봤니? [과거 : 과거동작] / 이번 주에 그 영화 봤니? (이번 주는 과거부터 현재까지 이므로 현재완료)

---

23. I haven't seen him this week [현재완료] **vs. I saw him this week and he said he was busy.** [과거]

     S   V   O   S V O

|해석| 나 이번 주에 그 사람 못 봤어 (여기서 this week은 과거부터 현재까지의 '기간') / 나 이번 주에 그 사람 봤는데 바쁘다고 하더라구. (동일한 this week이지만, 그 사람을 본건 특정한 과거시점이므로 과거시제)

---

24. The security code will be given (to authorized persons) (after they have been trained

                       S   be p.p   전명구   시간부사절

in all related procedures). [주절: 미래 / 시간부사절: 현재완료(미래대신)]

|해석| 그들이 관련 절차에 대해 교육을 받고 나면, 보안코드가 승인 받은 사람들에게 제공될 것이다.

|능동전환| s.b will give the security code to authorized persons after s.b has trained them in all related procedures.

[기본 문장 영작연습]

1. 나 2010년 이래로 여기 살고 있어. / 나 어렸을 때부터 여기 살고 있어. / 나 3년 동안 여기 살고 있어.

영작] I have lived here since 2010. / I have lived here since I was a child. / I have lived here for three years.

2. 나 지금 막 끝냈어.

영작] I have just finished.

3. 내가 고등학교 때 2년동안 테니스를 쳤었.

영작] When I was in high school, I had played tennis for two years.

4. 내가 거기 도착했을 때 그는 이미 떠나고 없었다.

영작] When I got there, he had already left.

5. 내년이면 그는 이 회사에서 10년 동안 일한 것이 될 것이다.

영작] By next year, he will have worked for 10 years for the company.

6. 내가 도착할 때 즘이면, 그는 이미 떠나고 없는 상태일거야.

영작] By the time I arrive, he will have already left.

7. 나는 계속 네 생각 하고 있는 중이야.

영작] I have been thinking of you.

8. 우리 집은 매년 새칠을 해. / 우리 집은 페인트칠 하고 있는 중이야. / 우리 집 페인트 칠 했어.

영작] Our house is painted every year. / Our house is being painted. / Our house has been painted.

[뼈대바르기 연습 Preview]

1. I will do it.

해석] 그거 제가 할게요.

2. You may go.

해석] 너는 가도 돼.

3. You must go.

해석] 너는 꼭 가야 해.

4. You can do it.

해석] 너는 그거 할 수 있어.

5. It may be true. vs. It must be true.

해석] 그것은 사실이지도 모른다. vs. 그것은 사실임에 틀림없다.

 **Unit3**

동사의 형태변화-조동사

[확인학습]

1. What's the fastest way to the concert hall?

|해석| 콘서트장까지 무엇이 가장 빠른 길인가요?

|평서문전환| s.t is the fastest way to the concert hall. (주어생략)

2. What are the speakers mainly discussing?

|해석| 말하는 사람들은 주로 무엇을 논의하고 있나요?

|평서문전환| the speakers are mainly discussing s.t (목적어생략)

3. What does the woman request?

|해석| 여자는 무엇을 요청하나요?

|평서문전환| The woman requests s.t. (목적어생략)

4. What does the man want to do?

|해석| 남자는 무엇을 하기를 원하나요?

|평서문전환| The man wants to do s.t. (to do의 목적어생략)

5. What does the woman remind the man to do?

|해석| 그 여자는 남자가 무엇을 하라고 상기시켜주고 있나요?

|평서문전환| The woman reminds the man to do s.t. (to do의 목적어생략-5형식)

6. Who ordered the new office furniture?

|해석| 누가 새로운 사무실 가구를 주문했나요?

|평서문전환| s.b ordered the new office furniture. (주어생략)

7. Who is the Bridgeport contest intended for?

|해석| 브릿지포트 경진대회는 누구를 위해 의도 되었나요?

|평서문전환| The Bridgeport contest is intended for s.b. (전치사 for의 목적어 생략)

8. What does the man say he will do?

|해석| 그 남자는 그가 무엇을 할 것이라고 말하나요?

|평서문전환| The man say he will do s.t. (목적어생략)

9. What were your main duties as supervisor?

|해석| 무엇이 감독관으로써의 당신의 주요업무인가요?

|평서문전환| s.t were you main duties as supervisor. (주어생략)

10. What are listeners asked to do?

|해석| 듣는 사람들은 무엇을 하도록 요구되고 있나요?

|평서문전환| Listeners are asked to do s.t. (to do의 목적어 생략 – 5형식 수동)

11. What do listeners need to do after the meeting?

|해석| 듣는 사람들은 미팅 후에 무엇을 할 필요가 있나요?

|평서문전환| Listeners need to do s.t after the meeting. (to do의 목적어 생략)

12. What is being advertised?

|해석| 무엇이 광고되고 있는 중인가요?

|평서문전환| s.t is being advertised. (주어생략 – 수동진행)

13. What will the listeners most likely do next?

|해석| 듣는 사람들은 필시 다음에 무엇을 할까요?

|평서문전환| The listeners will most likely do s.t next. (목적어생략)

14. What has been postponed?

|해석| 무엇이 연기된 상태인가요?

|평서문전환| s.t has been postponed. (주어생략 – 현재완료수동)

15. What does the speaker remind the listeners about?

|해석| 말하는 사람은 듣는 사람들에게 무엇에 관하여 상기시켜주고 있나요?

|평서문전환| The speaker reminds the listeners about s.t. (전치사 about의 목적어 생략)

16. Who wrote this report?

|해석| 누가 이 보고서를 작성했나요?

|평서문전환| s.b wrote this report. (주어생략)

17. Why has the project been delayed?

|해석| 프로젝트는 왜 연기된 상태인가요?

|평서문전환| The project has been delayed. (현재완료수동)

18. Will you be attending the meeting?

|해석| 당신은 미팅에 참석할 예정인가요?

|평서문전환| You will be attending the meeting. (미래진행)

19. Why was a change made?

|해석| 왜 바뀌었나요?

|평서문전환| A change was made. (← 능동전환: s.b made a change)

20. Where is the announcement being made?

|해석| 어디에서 발표가 나오고 있는 중인가요?

|평서문전환| The announcement is being made. (현재진행수동)

21. Do you have time to interview the applicants?

|해석| 당신은 지원자들을 인터뷰할 시간을 가지고 있나요?

|평서문전환| You have time to interview the applicants. (have는 준동사가 아닌 "가지다"의미의 일반동사)

22. Have you completed the assignment?

|해석| 당신은 임무를 다 끝낸 상태인가요?

|평서문전환| You have completed the assignment. (현재완료–교차성)

23. Would you like me to send you the file?

|해석| 제가 당신에게 파일을 보내기를 당신은 원하나요 ⇒ 제가 당신에게 파일 보내드릴까요?

|평서문전환| You would like me to send you the file. (5형식)

24. When are we going to circus?

|해석| 우리는 언제 서커스에 갈건가요?

|평서문전환| We are going to circus. (현재진행–미래대신)

25. What is the woman asked to confirm?

|해석| 여자는 무엇을 확인하도록 요구되고 있나요?

|평서문전환| The woman is asked to confirm s.t. (to confirm의 목적어 생략)

26. When can we expect to receive the package?

|해석| 우리는 언제 소포를 받을 것을 기대할 수 있나요?

|평서문전환| We can expect to receive the package.

27. Who coordinated the fund raiser last year?

|해석| 누가 작년에 기금모금행사를 준비했나요?

|평서문전환| s.b coordinated the fund raiser last year. (주어생략)

28. Is the laboratory open 24 hours a day?

|해석| 실험실은 하루 24시간 열려있나요?

|평서문전환| The laboratory is open 24 hours a day.

29. Have you finished the slides for your presentation?

|해석| 당신은 발표를 위한 슬라이드를 다 끝낸 상태인가요?

|평서문전환| You have finished the slides for your presentation. (현재완료–교차성)

30. Would you like me to call a taxi for you?

|해석| 제가 당신을 위해 택시를 부르기를 당신은 원하나요?

|평서문전환| You would like me to call a taxi for you. (5형식)

31. Weren't you able to sleep on the plane?

|해석| 당신은 비행기에 잘 수가 없었나요?

|평서문전환| You weren't able to sleep on the plane.

[뼈대바르기 연습 Review]

1. Can I use your phone?

|해석| 당신의 전화를 제가 사용할 수 있나요 ⇒ 사용해도 될까요? [가능/허가]

2. It may rain this evening.

|해석| 이번 저녁에 비가 올지도 모릅니다. [추측]

3. She must be at home by now.

|해석| 그녀는 지금 즘이면 집에 있을 것임에 틀림이 없다. [강한 추측]

4. There will be a reception in the Wooley Building to welcome all interns.

|해석| 모든 인턴을 환영하는 환영회가 울리 빌딩에서 있을 것이다. [미래]

5. If you arrive early, you don't have to wait long in line to enter the museum.

|해석| 만약 네가 일찍 도착하면, 너는 박물관에 들어가기 위해서 줄을 오래 기다릴 필요가 없다. [don't have to – ~할 필요 없다]

6. Tatiyani can help you set up your computer.

|해석| 타티야지는 네가 너의 컴퓨터를 설치하도록 도와줄 수 있다. [가능]

7. Customers may choose either standard shipping or express shipping.

|해석| 고객들은 일반 배송이나 빠른 배송 중에 하나를 고를 수 있다. [가능]

8. I had to leave the meeting early yesterday.

|해석| 나는 어제 일찍 미팅을 떠나야 했었다. [의무]

9. He may not be able to attend a meeting.

|해석| 그는 미팅에 참여할 수 없을지도 모른다. [추측]

10. We will have to add the new clients to the list.

|해석| 우리는 새로운 고객을 명단에 추가해야 할 것이다. [의무+미래]

11. Customers will be able to get coupons electronically by email.

|해석| 고객들은 전자메일로 쿠폰을 받을 수 있을 것이다. [미래+가능]

12. All employees should bring their old badges to the security office immediately.

|해석| 모든 직원들은 이전 배지를 즉시 경비실에 가져다 줘야 한다. [의무]

13. She may be able to help us next week.

|해석| 그녀는 다음주에 우리를 도와줄 수 있을지도 모른다. [추측+가능]

14. Workshop participants may choose any seat in the auditorium.

|해석| 워크샵 참석자들은 강당에서 어떤 자리건 선택할 수 있다. [허가]

[기본문장 영작연습]

1. 제가 할게요.

영작] **I will do it.**

2. 너는 가야 해.

영작] **You must go.**

3. 너는 그거 할 수 있어.

영작] **You can do it.**

4. 너는 가도 된다.

영작] **You may go.**

5. 그것은 사실일지도 모른다. / 그것은 사실임에 틀림없다.

영작] **It may be true. / It must be true.**

[동사 총정리 실전 문제]

1	B	2	B	3	B	4	C	5	B	6	C	7	B	8	B	9	A	10	C
11	A	12	D	13	C	14	B	15	A	16	A	17	D	18	D	19	B	20	C
21	A	22	B	23	C	24	B	25	D	26	C	27	D	28	C	29	A	30	D
31	B	32	C	33	C	34	B	35	D	36	C	37	A	38	B	39	D	40	C
41	A	42	A	43	A	44	B												

1. Well-known environmentalist, Ms. Williams is expected (to arrive) (at 2 p.m. this Friday).

주어와 동격.　　　　　　　　S　　　be p.p　　　OC　　　시간부사

|해석| 잘 알려진 환경학자인 윌리암씨는 이번 금요일 2시에 도착할 것으로 예상된다.

|해설| [be p.p to do~] 구조는 5형식 구조. to부정사를 목적보어로 취하는 동사를 고를 자리.

|추가해설| 영어에서는 고유명사가 나올 때, 고유명사 앞이나 혹은 뒤에, 고유명사를 설명해주는 동격의 명사가 잘 붙는다.

2. Ms. Kroll, an outside consultant, has advised us (about how to make our website more

　　S　　　　　주어와 동격　　　　　　V　　O　　　전명구 (전치사 + 명사절 축약형)

interactive with customers).

|해석| 외부 컨설턴트인 크롤은 우리 웹사이트를 고객과 더 상호교류하게 만드는 방법에 대해서 우리에게 알려줬습니다.

|해설| 일반 타동사는 목적어로 "~을/를"에 해당하는 사물목적어를 취한다. 그런데 이 문장에서 목적어는 us, 사람목적어. 사람목적어를 3형식으로 취할 수 있는 동사들은 특이한 동사. inform, notify, assure, remind, tell, advise는 3형식으로 쓰여도 사람목적어를 취하는 특이한 동사들.

make our website more interactive (5형식) "우리 웹사이트를 더 상호교류가 되게 만들다"

3. The Geoff & Shandler Company has offered Mr. Michael Pietsch an administrative position in Singapore.
　　　　　　　　　　　　　　　　　　　　　S　　　　　V　　　　　　　　O　　　　　　　　　　　　　O

|해석| 지오프 엔 쉔들러사는 마이클 피에치씨에게 싱가폴에 있는 행정직을 제안했습니다.

|해설| 동사 뒤에 목적어가 2개(Mr. Michael Pietsch/position) 나왔으므로 4형식 구조. 대표적인 4형식 동사인 offer가 정답.

4. Charming International Hotel is situated (in the heart of Naples), (within a five-minute drive of the train station).
　　　　　　　　　　　　　　　　　　　　　S　　be p.p　　　　전명구　　　　　　　　　　　　전명구

|해석| 차밍인터네셔널 호텔은 기차역에서 차로 5분거리 이내에 네이플의 중심부에 위치해 있습니다.

|해설| 본동사이면서 빈칸 뒤에 목적어가 없으므로 수동태 자리. 본동사의 수동태는 항상 'be p.p'형태. 유일한 'be p.p'형태인 is situated가 정답.

5. The dam (under construction) will provide electric power (to urban and rural areas).
　　　　S　　　　전명구　　　　　　　　V　　　　O　　　　　　전명구

|해석| 공사 중인 댐은 도시지역과 농촌지역에 전력을 제공할 것이다.

|해설| 'provide s.t to/for s.b'의 구조.

6. Aronson Energy announced (to investors) (that its profits started to rise in the first quarter).
　　　　S　　　　　V　　　　전명구　　　　　　　　O (명사절)

|해석| 아론슨 에너지사는 그들의 수익이 1사분기에 오르기 시작할 것이라고 투자자들에게 발표했다.

|해설| announced의 목적어는 that절. 중간에 전명구가 삽입된 형태. "투자자들에게 발표했다".

7. Ms. Ripers and her coworkers worked collaboratively (to ensure that the job fair was well publicized).
　　　　　　　　　　　　　　　　　　　S　　　　V　　　　부사　　　　준동사구-부사구 (that절은 ensure의 목적어)

|해석| 리퍼스와 그녀의 동료들은 직업 박람회가 잘 홍보되는 것을 확실히 하기 위해서 협조적으로 일합니다.

|해설| 빈칸 앞에 well은 "잘"이라는 의미의 부사. 부사는 어차피 '살'이 삽입된 것이므로 빼고 생각해보면 be동사 뒤에 나올 수 있는 동사형태는 ing나 p.p뿐. 빈칸뒤에 목적어가 없으므로 publicized가 정답.

8. Everyone (entering the laboratory) is required (to wear protective gear at all times).
　　　　S　　　　준동사구-형용사구　　　be p.p　　　　　　OC

|해석| 실험실에 들어가는 모든 사람들은 항상 보호용 장비를 착용하도록 요구됩니다.

|해설| [be p.p to do~] 구조는 5형식 구조. to부정사를 목적보어로 취하는 동사를 고를 자리.

9. (According to a recent survey), Cheju Island remains the top vacation destination (among
　　　　　　전명구　　　　　　　　　　　S　　　Vi　　　　C (명사보어-주어와 동격)
Koreans) (for the third consecutive year).

|해석| 최근 설문조사에 따르면, 제주도는 3년 연속 한국사람들 사이에서 여전히 최고의 휴양지입니다.

|해설| '제주도=the top vacation destination(최고의 휴양지)' 동격의 구조. 그러므로 the top vacation destination은 목적어가 아닌 동격의 주격보어. 그러므로 2형식 동사인 remains가 정답.

10. Mr. Shinker is responsible (for purchasing office supplies).

　　　　　　S　　　　V　　　　　C　　　　　　　　　전명구(전치사+명사구)

|해석| 신커씨는 사무용품을 구매하는 것을 담당합니다.

|해설| be동사 뒤에 형용사 보어자리. 'be responsible for s.t'은 전치사까지 묶어서 외워두자. "~을 책임지다, 담당한다"

11. Recently hired employees (in the Payroll Department) will be trained (in the use of the new payroll software program).　　S　　　　　　　전명구　　　　　be p.p　　　　　전명구

|해석| 급여담당부서에 최근 고용된 직원들은 새로운 급여 소프트웨어 프로그램의 사용에 대해 교육을 받을 것입니다.

|해설| 동사 어휘 문제가 수동태로 나오면 능동태로 전환해서 따져보자. 수동태의 주어를 동사 뒤로 보내면 '_____ recently hired employees in the Payroll Department in the use of the new payroll software program'
"최근에 고용된 직원들을 새로운 소프트웨어 사용에 대해 교육할 것이다"로 train이 정답. (B) understood는 "최근의 고용된 직원들을 이해할 것이다(X)"로 오답.

12. Required documents, (along with the contact information), are located (on our Web site).

　　형용사　　　　S　　　　　　　　　전명구　　　　　　　be p.p　　　　　전명구

|해석| 요구되는 서류들은 연락처와 함께 우리 웹사이트에 위치해 있다.

|해설| 본동사 자리면서, 뒤에 목적어가 없으므로 수동태. 'be p.p'형태가 되야 한다. (D) are located가 정답.

13. This will be your last chance (to register for the July's Technical Training Seminar).

　　S　　　　V　　　　C　　　　　　　　　　준동사구―형용사구

|해석| 이것은 7월 테크니컬 트레이닝 세미나를 위해 등록 할 당신의 마지막 기회일 것입니다.

|해설| 전치사 for가 단서. for와 짝꿍인 자동사 register가 정답.

14. Mr. Tanaka has been strongly recommended (for the web designer position) (by one of our managers). S　　　　　　　　　be p.p　　　　　　전명구　　　　　　　전명구

|해석| 다나까는 우리 매니저들 중에 한명에 의해 웹디자인 자리에 강력히 추천되어 왔습니다.

|해설| strongly는 부사 즉 살이므로 빼고 생각하면 have been, 즉 be동사 뒤에 나올 형태를 고르는 문제. be동사 뒤에는 ing/p.p가 나올 수 있다. 태를 따져보면 뒤에 목적어가 없으므로 수동. recommended가 정답.

15. The request form (for a paid vacation) must be signed (by the supervisor).

　　　　　S　　　　　　전명구　　　　　　　be p.p　　　　　전명구

|해석| 유료휴가를 위한 신청서는 감독관에 의해 서명되어야 합니다.

|해설| 동사 어휘 문제가 수동태로 나오면 능동태로 전환해서 따져보자. 수동태의 주어를 동사 뒤로 보내면 'The supervisor must ___ the request form for a paid vacation.' "감독관이 신청서에 서명을 해야한다"이므로 signed가 정답.

16. (A limited number of) hotel rooms have been reserved (at a special rate for this occasion).

　　　　　　　형용사　　　　　　　　　　　S　　　　be p.p　　　　　　　　전명구

|해석| 소수의 호텔객실이 이 행사를 위해 특별가에 예약되었습니다.

|해설| 동사 어휘 문제가 수동태로 나오면 능동태로 전환해서 따져보자. 수동태의 주어를 동사 뒤로 보내면 "___ a limited number of hotel rooms at a special rate for this occasion" "이 행사를 위해 제한된 수의 객실을 특별가에 예약한다"이므로 reserved가 정답. (B) placed "방을 놓다(X)", (D) collected "방을 수집하다(X)".

|추가해설| 'a number of'는 묶어서 형용사 취급! "많은"의 의미. 그러나 중간에 형용사 limited가 추가되면 "제한된 수의 ⇒ 소수의"의미.

17. We want (to assure you that this type of error is very rare and you should not be experiencing any

　　　S　　V　　　　　　　　　　　　　　　　　　　　　　O – 명사구

similar difficulties in the future).

|해석| 우리는 이런 종류의 실수는 매우 드물며, 당신이 앞으로는 어떤 유사한 문제도 겪지 않을 것이라는 점을 당신에게 안심시켜드리고 싶습니다.

|해설| 빈칸뒤에 목적어가 2개(you/that~) 나왔으며 명사절 목적어가 나왔으므로 특수4형식 구조. inform, notify, assure, remind, tell, advise 중 1개를 고르는 문제.

[준동사구 분석] assure you (that this type of error is very rare and you should not be experiencing any

　　　　　　　　　　　　V　　O　　　　　　　　　　　　　　　　　O (명사절) ⇒ 특수4형식

similar difficulties in the future).

18. The Professional Development Workshop (for recent graduates) will be held (on March 25 in

the Community Center building).　　　　S　　　　　　　전명구　　　　　　be p.p　　　　전명구

|해석| 최근 졸업생을 위한 직업 개발 워크샵이 커뮤니티 센터 건물에서 3월 25일에 열릴 것입니다.

|해설| be동사 뒤에 나올 수 있는 형태는 ing/p.p. 태를 따져보면 뒤에 목적어가 없으므로 수동. held가 정답.

19. City officials will visit the construction site (to ensure compliance with government standards).

　　　　S　　　　　V　　　　　　　　O　　　　　　　　　　준동사구–부사구

|해석| 시 관계자들은 정부기준을 준수하는 지 여부를 확인하기 위해서 공사현장에 방문할 것이다.

|해설| with가 단서. 앞서 자동사에서 comply with를 묶어서 짝꿍으로 외웠다. comply의 명사형인 compliance도 역시 with와 짝꿍. 품사가 달라져도 짝꿍인 전치사는 동일하므로 확장해서 적용하자.

20. Last week's conference created opportunities (for employees) (to learn ideas and meet new

people).　　　　　　　　　S　　　　V　　　　O　　　　　의미상 주어　　　준동사구–형용사구(opportunity 수식)

|해석| 지난주의 회의는 직원들이 아이디어를 배우고 새로운 사람들을 만날 기회를 만들어주었습니다.

|해설| Last week's가 단서. 지난주의 회의에 관한 얘기이므로 과거시제가 정답.

21. The hotel's recreational facilities include a swimming pool and tennis courts.

　　　　　　　　　　　　　　　　S　　　　V　　　　O1　and　O2

|해석| 호텔의 레크리에이션 시설은 수영장과 테니스장을 포함하고 있습니다.

|해설| 본동사 자리이므로 (C), (D) 탈락. 나머지 (A),(B)는 모두 능동이라 태는 따질 필요 없고, 세 번째 수일치를 따져보면 주어가 복수명사이므로 (A) include가 정답.

22. Several computer manufacturers will introduce their new lines (in the next several months).

S   V   O   전명구

|해석| 몇몇 컴퓨터 제조업체들은 다음 몇 달 동안 새로운 (제품)라인을 도입할 것이다.

|해설| next several months가 단서. '다음 몇 달 동안'이므로 미래가 정답.

23. Anyone (wishing to participate in next week's training) should obtain approval (from their

S   준동사구–형용사구   조동사   V   O   전명구

supervisors).

|해석| 다음주 교육에 참석하는 것을 원하는 어떤 사람도 상사로부터 승인을 받아야 합니다.

|해설| in이 단서. 전치사 in과 짝꿍인 자동사, participate이 정답.

24. The cost (of living) (in the country) has risen (by 17 percent) (for the last 15 years).

S   전명구   전명구   V   전명구   전명구

|해석| 그 나라에 생활비는 지난 15년동안 17%가 증가해왔다.

|해설| for the last 15 years가 단서. '지난 15년 동안'이므로 15년 전부터 지금까지. 그러므로 현재완료가 정답.

25. (In the past two decades) there has been tremendous growth (in the professional service sector).

전명구   V   S   전명구

|해석| 지난 20년동안에 전문 서비스 분야에서 엄청난 성장이 있어 왔습니다.

|해설| has been은 be동사의 현재완료 시제. be동사 뒤에 명사가 나온 경우는 'there is a house'구문을 생각하자!

26. (To avoid leaving anyone behind), the tour guide reminded all the visitors (to come back to the hotel by 11 A.M). 준동사구–부사구   S   V   O   OC

|해석| 어떤 사람도 뒤에 남겨두고 떠나는 것을 피하기 위해서, 관광인솔자는 모든 방문객들이 11시까지 호텔에 돌아올 것을 상기시켰습니다.

|해설| remind는 특수 4형식 동사이지만 5형식 구조로도 잘 쓰인다. 하나의 동사는 하나가 아닌 여러 가지 용법을 가진다. remind 외에도 advise, tell도 to부정사를 수반하는 5형식 구조로 잘 쓰인다. to부정사를 목적보어로 취하는 5형식으로 쓰이는 동사들은 이 외에도 굉장히 많다. 그러므로 [S+V+O+to do~] 구조의 문장이 나오면 5형식으로 일단 접근한다. 다만 우리가 정리한 expect, allow, ask, require, enable, encourage는 이 구조로 가장 많이 쓰이는 동사들! 가장 빈출 동사이므로 반드시 외워둔다.

27. Mr. Jantick will have served (in the military) (for six months) (by the end of the year).

S   V   전명구   전명구   전명구

|해석| 젠틱은 이번 달 말이면 육 개월 동안 군대에서 근무한 게 될 것입니다.

|해설| for six months가 걸쳐진 구간을 살펴보면, 이번 달 말까지 6개월이 된다고 했으므로 '과거부터 현재를 지나 미래(이번 달 말)'까지. 그러므로 미래완료가 정답.

28. The memo informed us (that the company will be starting the renovation of the office next

month). S   V   O   O (명사절)   [특수 4형식]

|해석| 메모는 우리에게 그 회사가 다음달에 사무실 수리 공사를 시작할 것이라고 알려줬다.

|해설| next month가 단서. 다음달이므로 미래시제가 정답.

29. **The main entrance** (to the warehouse) **is located** (on the west side of the building).

         S   전명구   be p.p   전명구

|해석| 창고에 정문은 건물의 서쪽부분에 위치해 있다.

|해설| 본동사 자리면서, 뒤에 목적어가 없으므로 수동태. 'be p.p'형태가 되야 하므로 is located가 정답.

30. **The manufacturer is implementing changes** (to its billing procedures now).

         S   V   O   전명구

|해석| 그 제조업체는 지금 청구서 발송절차에 대한 변경사항을 시행하고 있는 중입니다.

|해설| 현재 변화를 시행하고 있는 중이므로 현재진행이 정답. (A) implements는 현재시제. 현재는 '반복'적인 행동을 묘사. 이 회사가 늘 시행을 하는 것은 아니므로 정답이 될 수 없다.

31. (Since Ms. Knoll joined Mashall Inc.), **she** has been able to **achieve** great **success**.

         부사절   S   조동사대용   V   O

|해석| 크놀씨가 마샬사에 입사한 이래로 그녀는 대단한 성공을 이룰 수 있었습니다.

|해설| since뒤에는 과거시제, 주절에서는 현재완료시제. since 뒤므로 과거시제 joined가 정답.

|추가해설| be able to는 조동사 대용. 다음시간에 배울 내용.

32. (Due to a slow local economy), **Van Sant Media Company** will **relocate** (to the East Coast next

spring).   전명구   S   V   전명구

|해석| 침체된 현지경제 때문에 VSM사는 다음 봄에 동부해안으로 이주할 것이다.

|해설| next spring이 단어. 다음 봄이므로 미래시제가 정답.

33. **Ms. Akelis has been employed** (by Thompson Advertising) (over the past 28 years).

         S   be p.p   전명구   전명구

|해석| 아켈리스씨는 지난 28년동안 톰슨 애드버타이팅 사에 의해 고용되어왔다 (28년간 직원이었다)

|해설| for the past 28 years가 단서. '지난 28년 동안'이므로 '과거부터 현재'까지. 현재완료가 정답. 게다가 수동태가 되어야 하므로 (B) has는 오답. '아켈리스씨가 고용을 한'것이 아니고 '고용이 된'것이므로 수동. 또한 employed 뒤에 목적어가 없으므로 수동.

34. (As usual), **the honor is given** (to the top sales representative) (here at Brandon Automobiles).

      부사절축약형   S   be p.p   전명구   전명구

|해석| 늘 그렇듯이, 영예(상)는 브랜든 오토모빌 사에 최고의 영업사원에게 돌아간다.

|해설| 본동사 자리면서 수동태이므로 'be p.p'가 되야 한다. 유일한 'be p.p'형태인 is given이 정답.

|추가해설| 부사절 축약형(as usual)은 마지막 주에 배울내용.

35. (By the time Mr. Madai was appointed vice president), he had worked (in the advertising field)
부사절   S   V   전명구

(for over 20 years already).

|해석| 마다이씨가 부사장으로 지명되었을 때 즈음에 그는 이미 20년 넘게 광고분야에서 일해왔다.

|해설| [By the time+과거시제, S+과거완료 / By the time+현재시제, S+미래완료] By the time 뒤에 과거시제(was appointed)가 나왔으므로 과거완료가 정답.

[부사절 분석] **By the time Mr. Madai was appointed vice president** : 5형식 수동 "부사장으로 지명되다"
                                   S   be p.p   OC

36. (In order to cut down on unnecessary costs), Mr. Martin would like (to reduce the travel
                                      부사구   S   V   O (준동사구-명사구)

budgets first).

|해석| 불필요한 비용을 줄이기 위해서, 마틴씨는 먼저 출장예산을 줄이기를 원한다.

|해설| would like는 want의 공손한 표현. 절대로 과거시제로 해석해서는 안 되고 현재로 해석. (A) like는 수일치 때문에 불가능. 주어가 Mr. Martin, 3인칭 단수명사 이므로 s가 붙어야 한다.

37. Please note (that applications for the position are not available at our web site).
          V   O (명사절)

|해석| 그 자리를 위한 지원서가 우리 웹사이트에서 구할 수 없다는 것을 참고하세요.

|해설| not이 단서. (B) will be와 같이 미래시제가 쓰이려면, not은 첫 번째 조동사 뒤에 오므로 will not be가 되야 한다. (C)는 준동사라서 탈락. (D) is는 수일치가 안 맞음.

38. The Nalston County Airport director considers it necessary (to suspend all flights) (until the
                               S   V   가목적어   OC   진목적어(준동사구-명사구)   부사절

inspection is completed).

|해석| 넬스튼 카운티 공항 감독관은 검사가 끝날 때까지 모든 항공편을 일시 중단하는 거시 필요하다고 생각하고 있다.

|해설| consider는 형용사를 목적보어로 취하는 5형식 동사.

|추가해설| 가목적어 'it'은 내일 배울 내용.

39. (Since she joined our company five years ago), Ms. Tanaka has successfully managed her
                                  부사절   S   V

technical team.
         O

|해석| 그녀가 5년전에 우리 회사에 입사한 이후로, 다나카씨는 성공적으로 그녀의 기술팀을 관리해왔습니다.

|해설| 보기에 since가 나온 경우는 시제부터 살펴보자. 부사절에서는 과거시제, 주절에는 현재완료가 나왔으므로 since가 정답.

40. Mr. Norman Maier has begun (planning to build the new warehouse) (even before he received
　　　S　　　　　　　　　V　　　　　　O (준동사구─명사구)　　　　　　　　　　　부사절
approval from the board of director).

|해석| 노만 마이어는 심지어 이사회로부터 승인을 받기도 전에 새로운 창고를 짓는 것을 계획하는 것을 시작했다.

|해설| 뒤에 before가 나왔으므로 시간부사절과 주절의 시제를 일치시켜주면 된다. before 뒤에 과거시제(received)가 나왔으므로 주절에서도 과거류(과거, 과거진행, 과거완료)가 나와야 한다.

41. (After all the resumes have been received), Human Resources managers will choose five candidates
　　　　　　　　　　　　　　　　부사절　　　　　　　　　　　　　　　　S　　　　V　　　O
(to be interviewed).

|해석| 모든 이력서가 수령되고 나서, 인사과 부장들은 인터뷰 받을 다섯 명의 후보를 선택할 것이다.

|해설| after가 이끄는 시간부사절이 나왔으므로 주절의 시제를 일치시켜주면 된다. after 뒤에 현재완료(have been received)가 나왔고, 시간부사절의 현재완료는 미래를 대신하므로 주절도 미래.

42. The special sale (on grocery at Green Foods) **will begin** (this coming Saturday).
　　　　　S　　　　　　　전명구　　　　　　　　　　V　　　　　시간부사

|해석| 그린푸드에서 식료품에 대한 특별할인이 이번 다가오는 토요일에 시작할 것이다.

|해설| this coming Saturday가 단서. '이번 다가오는 토요일에'이므로 미래시제가 정답.

43. The merger between T-Mobile and Yolanda **will create** Britain's biggest mobile phone
　　　　S　　　　　　　　　　　　　　　　　　　　　　V
provider (if everything goes) (according to plan).
　　O　　　　　(부사절)　　　　　전명구

|해석| 티모바일과 율란다 사이의 합병은 만약 모든 것이 계획에 따라 진행된다면 영국에 가장 큰 핸드폰 제공업체를 만들 것이다.

|해설| 뒤에 if절(조건부사절)이 나왔으므로 주절과 시제를 일치시켜주면 된다. if절에 goes(현재)가 나왔고, 조건 절에 현재는 미래를 대신하므로 주절에는 미래시제가 와야 한다.

44. A spokesperson (for Velinda Corporation) **said** today (that its annual production rate at Ulsan
plant　　S　　　　　　　　전명구　　　　　　　　V　　　　　　O (명사절)
has remained steady).

|해석| 밸리다사의 대변인은 울산공장에서의 연간 생산율이 여전히 꾸준한 상태라고 오늘 말했습니다.

|해설| that절 안에 본동사가 없으므로 빈칸은 본동사 자리. (C)는 탈락. remain은 2형식 동사라서 수동태로는 쓸 수 없다. (D)탈락. 수일치를 맞춰보면 주어가 rate, 단수명사이므로 (A) 탈락.

1. (To study Toeic) is fun.

  S (준동사구–명)   V   C

|해석| 토익을 공부하는 것은 재미있다.

2. I need (to study Toeic).

  S   V   O (준동사구–명)

|해석| 나는 토익을 공부하는 것을 필요로 한다.

3. My goal is (to study Toeic).

      S   V   C (준동사구–명)

|해석| 내 목표는 토익을 공부하는 것 입니다.

4. I have a plan (to study Toeic).

  S   V   O   준동사구–형

|해석| 나는 토익을 공부할 계획을 가지고 있다.

5. I got up early (to study Toeic).

  S   V   준동사구–부

|해석| 나는 토익을 공부하기 위해서 일찍 일어났다.

6. It is important (for me) (to study Toeic).

  가주어 V   C   의미상의 주어   진주어

|해석| 내가 토익을 공부하는 것은 중요하다.

7. This book makes it easy (for me) (to study Toeic).

      S   V 가목적어 C 의미상의 주어   진목적어

|해석| 이 책은 내가 토익을 공부하는 것을 쉽게 만들어 준다.

준동사

Unit4-1 to부정사

[확인학습]

1. She agreed (**to help** / helping) me in the end.

|해설| agree는 to부정사를 목적어로 취하는 동사.
|해석| 그녀는 결국에는 나를 도와주는 것에 합의했다.

2. The manufacturer refused (replace / **to replace**) the defective products.

|해설| refuse는 to부정사를 목적어로 취하는 동사.
|해석| 제조업체는 결함이 있는 제품을 교체해주는 것을 거절했다.

3. The Internet made it possible (communicate / **to communicate**) much more easily.

|해설| 'made it possible'에서 it은 가목적어. 빈칸은 진목적어 자리이므로 to부정사가 정답.
|해석| 인터넷은 훨씬 더 쉽게 의사소통 하는 것을 가능하게 만들었다.

4. It is time (**for** / of) the postman to come.

|해설| the postman은 to부정사의 의미상의 주어.
|해석| 우체부가 올 시간이다.
|분석| 그런데 여기서 'It'을 가주어, to come을 진주어로 볼 수는 없을까? 이런 구조로 해석할 경우 "우체부가 오는 것은 시간이다(X)" 의미상 매우 어색해진다. 이 문장에서 'It'은 일반주어. 시간이나 날씨를 표현할 때는 일반 주어 'It'을 종종 사용한다.

5. There is no need (in you / **for you**) to start the meeting now.

|해설| to부정사의 의미상의 주어이므로 'for you'가 정답. 의미상의 주어는 '가주어 구문'에서만 사용되는 것이 아니라 모든 to부정사 앞에서 사용가능 하다.
|해석| 당신이 미팅을 지금 시작할 필요는 없다.

6. The organization decided (promoting / **to promote**) the art festival on the website.

|해설| decide는 to부정사를 목적어로 취하는 동사.
|해석| 그 조직은 웹사이트에서 아트 페스티벌을 홍보하기로 결정했다.

7. Employees are strongly (**encouraged** / encouraging) to attend the information session tomorrow.

|해설| encourage는 to부정사를 목적보어로 취하는 동사. 괄호 바로 뒤에 to attend(to부정사)가 나왔으므로 목적보어가 바로 나온 구조. 즉 뒤에 목적어는 나와있지 않다. 그러므로 수동태가 정답.
|해석| 직원들은 내일 설명회에 참석할 것이 강력히 장려되는 바이다.

8. Mr. Simpson will not be able to (**attend** / attending) the sales presentation tomorrow.

|해설| be able 뒤에서는 반드시 to부정사. 그러므로 to 뒤에는 동사원형이 와야 한다.
|해석| 심슨씨는 내일 영법발표회에 참석할 수 없을 것이다.

9. No one doubts her ability (performing / **to perform**) as a chief accountant in the firm.

|해설| able이 to부정사와 늘 함께 쓰이듯이 able의 명사형인 ability도 to부정사와 함께 잘 쓰인다. 품사가 달라져도 어휘의 쓰임은 유사함을 참고하자! 예를 들어 decide는 to부정사를 목적어로 취하는 동사이므로 명사형인 decision도 역시 to부정사와 함께 잘 쓰인다.

|해석| 아무도 회사에서 수석 회계사로써 업무를 수행할 그녀의 능력을 의심하지 않는다.

10. Business analysts believe that the upward trend is likely (continuing / **to continue**) until the end of the year.

|해설| be likely 뒤에서는 항상 to부정사.

|해석| 기업분석가들은 상승세가 올해 말까지 지속될 것 같다고 믿는다.

[뼈대바르기 연습 Review]

1. She agreed (to help me in the end).

    S   V   O (준동사구—명)

|해석| 그녀는 결국에는 나를 도와주는 것을 동의했다 ⇒ 도와주기로 했다.

2. The manufacturer refused (to replace the defective products).

          S   V   O (준동사구—명)

|해석| 제조업체는 결함이 있는 제품을 교체해주는 것을 거절했다.

3. The Internet made it possible (to communicate much more easily).

      S   V   가목적어 OC   진목적어 (준동사구—명)

|해석| 인터넷은 훨씬 더 쉽게 의사소통하는 것을 가능하게 만들어준다.

4. It is time (for the postman) (to come).

    S V C   의미상의 주어   (준동사구—형)

|해석| 우체부 아저씨가 올 시간이다. ('to come'은 time을 수식)

5. There is no need (for you) (to start the meeting now).

        V   S   의미상의 주어   (준동사구—형)

|해석| 당신이 지금 미팅을 시작할 필요는 없다. ('to start~'는 need를 수식)

6. The organization decided (to promote the art festival on the website).

         S   V   O (준동사구—명)

|해석| 그 조직은 웹사이트에서 아트 페스티벌을 홍보하는 것을 결정했다 ⇒ 홍보하기로 결정했다.

7. Employees are strongly encouraged (to attend the information session tomorrow).

    S   be p.p   OC (준동사구—기타구)

|해석| 직원들은 내일 설명회에 참석하도록 장려된다.

8. Mr. Simpson will not be able to attend the sales presentation tomorrow.

　　　　S　　　　　　　조동사 대용　　V　　　　　　　　O

|해석| 심슨씨는 내일 영업발표회에 참석할 수 없을 것이다.

9. No one doubts her ability (to perform as a chief accountant in the firm).

　　　　S　　V　　O　　　　　　　　(준동사구–형)

|해석| 회사에서 수석 회계사로 일할 그녀의 능력을 아무도 의심하지 않는다.

10. Business analysts believe (that the upward trend is likely to continue until the end of

　　　　　　　　S　　V　　　　　　　　　　　　　O (명사절)

the year).

|해석| 비즈니스 분석가는 상향세가 올해 말까지 계속될 가능성이 높다고 믿는다.

[명사절 분석] the upward trend is likely to continue until the end of the year.

　　　　　　　　　　S　　조동사 대용　　V

11. Applicants (for the auditor's position) are asked (to send in a resume and summarize their

　　　　S　　　　　　　전명구　　　　　　be p.p　　　　　　OC (준동사구–기타구)

skills).

|해석| 회계감사원 직을 위한 지원자들은 이력서를 제출하고 그들의 기술을 요약하도록 요청된다.

12. Emergency repairs were expected (to take at least three weeks).

　　　　　　　S　　　be p.p　　　　OC (준동사구–기타구)

|해석| 응급 수리는 최소한 3주를 소요시킬 것으로 예상된다 ⇒ 3주 걸릴 것으로 예상된다.

13. (To inspect the facilities before the upcoming event), the firm required several staff members

(to work overtime).　　　준동사구–부　　　　　　　　　　　S　　V　　　　　　O

　OC (준동사구–기타구)

|해석| 다가오는 행사 전에 시설들을 검사하기 위해서, 그 회사는 몇 명의 직원들이 야근근무를 하도록 요구했다.

14. The meeting's purpose is (to discuss improvements in employee benefits).

　　　　　　　S　　V　　　　　　　C (준동사구–명)

|해석| 그 미팅의 목적은 직원수당에 있어서의 개선점을 논의하는 것이다.

15. The management encouraged employees (to come up with new ideas).

　　　　　　　S　　　　V　　　　O　　　　　OC(준동사구–기타구)

|해석| 경영진은 직원들이 새로운 아이디어를 내놓도록 장려한다.

16. We would like (to remind customers to handle this device cautiously).

    S   V   O (준동사구—명)

|해석| 우리는 고객들이 이 장비를 조심스럽게 다루도록 상기시키는 것을 원한다 ⇒ 상기시켜드리고 싶습니다.

---

17. The team failed (to complete the project), so they did not receive bonuses.

       S   V   O (준동사구—명)   접속사 S   V   O

|해석| 그 팀은 프로젝트를 끝내는데 실패했습니다. 그래서 보너스를 받지 못했습니다.

---

18. I'm sorry (not to have come on Thursday).

    S V   C   (준동사구—부 :감정형용사 뒤에 나온 to부정사는 "~하게 되어서"로 해석)

|해석| 목요일에 오지 않았던 것에 대해 미안하다.

|해설| to have come은 완료시제. 완료시제는 주절보다 먼저 발생했음을 강조하는 시제. '미안한 건' 현재, '오지 못했던 것' 그 이전.

---

19. You are silly (not to have locked your car).

    S   V   C   (준동사구—부 :감정형용사 뒤에 나온 to부정사는 "~하게 되어서"로 해석)

|해석| 문을 잠그지 않았다니 너는 어리석다.

|해설| to have locked는 완료시제. 완료시제는 주절보다 먼저 발생했음을 강조하는 시제. '어리석은 건' 현재, '차 문을 잠그지 않았던 건' 그 이전

---

20. The reason was (to make it easier for tech help to document their work).

       S   V   C (준동사구—명)

|해석| 그 이유는 기술지원팀이 그들의 작업을 서류화하는 것을 더 쉽게 만들어 주는 것이다.

make it easier (for tech help) (to document their work)

  V   가목적어 C   의미상주어   진주어

---

21. It would be a good idea (to have them supply the meals for our employee cafeteria).

  가주어   V   C   진주어 (준동사구—명)

|해석| 그들이 우리 직원식당을 위해 음식을 제공하도록 시키는 것은 좋은 생각일 것이다.

[명사구 분석] to have them supply the meals for our employee cafeteria

                      사역동사 O   OC : "~시켜서 ~하게 만들다"

[기본 문장 영작연습]

1. 토익을 공부하는 것은 재미있다 / 나는 토익을 공부할 필요가 있다 / 내 목표는 토익을 공부하는 것입니다.

영작] **To study Toeic is fun. / I need to study Toeic. / My goal is to study Toeic.**

2. 나는 토익을 공부할 계획을 가지고 있다.

영작] **I have a plan to study Toeic.**

3. 나는 토익을 공부하기 위해서 일찍 일어났다. / 나는 토익을 공부하게 되어서 행복하다.

영작] **I got up early to study Toeic. / I am happy to study Toeic.**

4. 내 차는 수리될 필요가 있다.

영작] **My car needs to be fixed.**

5. 늦지 않도록 노력해라.

영작] **Try not to be late.**

6. 내가 토익을 공부하는 것은 중요하다.

영작] **It is important for me to study Toeic.**

7. 이 책은 내가 토익을 공부하는 것을 쉽게 만들어준다.

영작] **This book makes it easy for me to study Toeic.**

8. 우리는 가격이 오를 것이라고 예상한다. / 가격이 오를 것으로 예상된다.

영작] **We expect the price to increase. / The price is expected to increase.**

9. 그는 갈 수 있다. / 그는 갈 가능성이 높다. / 그는 기꺼이 가려고 한다. / 그는 가기를 꺼린다. / 그는 갈 준비가 되어 있다. / 그는 몹시 가고 싶어 한다.

영작] **He is able to go. / He is likely to go. / He is willing to go. / He is reluctant to go. /**

He is ready to go. / He is eager to go.

[뼈대바르기 연습 Preview]

1. (Studying Toeic) is fun. / He suggested (studying Toeic). / My duty is (studying Toeic).

　　S (준동사구―명)　　V　C　　S　　V　　　O (준동사구―명)　　　S　V　　C (준동사구―명)

|해석| 토익을 공부하는 것은 재미있다 / 그는 토익을 공부하는 것을 제안했다 / 나의 의무는 토익을 공부하는 것이다.

2. I object (to going there)

　　S　　V　전치사+명사구(준동사구―명)

|해석| 나는 거기에 가는 것에 반대한다.

3. (By reducing prices), we can improve profits

　　전치사+명사구(준동사구―명)　　S　　V　　O

|해석| 가격을 줄이는 것에 의해서 우리는 수익을 개선할 수 있다.

4. He succeeded (in opening a new restaurant)

    S   V   전치사+명사구(준동사구—명)

|해석| 그는 새로운 식당을 여는 것에 있어서 성공했다.

5. We are committed (to providing better service)

    S   be p.p   전치사+명사구(준동사구—명)

|해석| 우리는 더 나은 서비스를 제공하는 것에 최선을 다한다.

Unit4-2 동명사

확인학습

1. We have considered (to open / **opening**) a branch office in Tokyo.

|해설| consider는 동명사를 목적어로 취하는 동사.
|해석| 우리는 동경에서 지사를 여는 것을 고려해왔다.

2. (Learn / **Learning**) languages is a hard work.

|해설| 'Learning languages'까지 묶어서 동명사 주어.
|해석| 언어를 배우는 것은 힘든 일이다.

3. French Airs will discontinue (**providing** / to provide) on-line booking service.

|해설| discontinue는 동명사를 목적어로 취하는 동사.
|해석| 프렌치 항공사는 인터넷 예약 서비스를 제공하는 것을 중단할 것이다.

4. Kelly is thinking about (to change / change / **changing**) her job.

|해설| 전치사 뒤에 명사구가 나온 형태. 전치사 뒤에 to부정사는 나올 수 없다. 동명사가 정답.
|해석| 켈리는 그녀의 직업을 바꾸는 것에 대해 생각하고 있는 중이다.

5. (Wash / **Washing**) their hands is required for food service workers.

|해설| 'Washing their hands'까지 묶어서 동명사 주어.
|해석| 그들의 손을 씻는 것이 음식 서비스를 담당하는 직원들에게 요구되어 진다.

6. I object to (pay / **paying**) so much money for badly made products.

|해설| 'object to'에서 to는 전치사므로 동사원형을 쓸 수 없고 동명사 자리.
|해석| 나는 열악하게 만들어진 제품에 대해 너무 많은 돈을 지불하는 것에 반대한다.

7. The small café on the corner is committed to (provide / **providing**) excellent coffee and fine service.

|해설| 'be committed to'에서 to는 전치사. 그러므로 동명사가 올 자리.
|해석| 모퉁이에 있는 작은 카페는 훌륭한 커피와 좋은 서비스를 제공하는 것에 최선을 다한다.

8. Heather (planned / **suggested** / wished) asking my lawyer for his opinion on this merger deal.

|해설| 괄호 뒤에는 동명사(asking)가 있으므로 동명사를 목적어로 취하는 동사를 골라야 한다. plan, wish는 to부정사를 목적어로 취하는 동사.

|해석| 헤더는 우리 변호사에게 이번 합병 건에 대한 그의 의견을 물어볼 것을 제안했다.

9. Every company division will contribute to (improve / **improving**) employee productivity.

|해설| 앞서 동사파트에서 배웠던 동사. contribute은 자동사로써 전치사 to와 짝꿍! 여기서 to는 전치사므로 뒤에는 동명사 자리.

|해석| 모든 회사부서는 직원 생산성을 개선하는 것에 기여할 것이다.

10. Competitiveness is maintained by (upgrade / **upgrading**) the skills of the employees.

|해설| 전치사 뒤에 명사구가 온 구조. 동명사가 정답. 특히 'by~ing'는 많이 쓰이는 구조. "~함으로써"로 해석.

|해석| 경쟁력은 직원들의 기술을 업그레이드 함으로써 유지된다.

[뼈대바르기 연습 Review]

1. She is responsible (for creating a highly successful advertising campaign for all vitamins).
    S   V   C   전명구(전+명사구)

|해석| 그녀는 모든 비타민을 위한 매우 성공적인 광고를 만드는 것을 담당하고 있다.

2. I'm talking (about moving to the country).
    S   V   전명구(전+명사구)

|해석| 나는 그 나라로 이민 가는 것에 대해 얘기하고 있다.

3. I hate the idea (of getting old).
    S V   O   전명구(전+명사구)

|해석| 나는 늙어간다는 생각이 싫다.

4. You can't make omelets (without breaking eggs).
      S   V   O   전명구(전+명사구)

|해석| 너는 계란을 깨는 것 없이(깨지 않고서) 오믈렛을 만들 수는 없다.

5. My favorite activity is (reading thrillers).
               S   V   C (준동사구—명)

|해석| 내가 가장 좋아하는 일은 스릴러를 읽는 것입니다.

6. We have considered (opening a branch office in Tokyo).
    S   V   O (준동사구—명)

|해석| 우리는 동경에서 지사를 여는 것을 고려해왔습니다.

7. (Learning languages) is a hard work.

     S (준동사구─명)   V   형   C

|해석| 언어를 배우는 것은 힘든 일 입니다.

8. French Airs will discontinue (providing on-line booking service).

     S   V   O (준동사구─명)

|해석| 프렌치에어사는 인터넷 예약 서비스를 제공하는 것을 중단할 것입니다.

9. Kelly is thinking (about changing her job).

     S   V   전명구(전+명사구)

|해석| 켈리는 직업을 바꾸는 것에 관해서 생각하고 있습니다.

10. (Washing their hands) is required (for food service workers).

         S   be p.p   전명구

|해석| 손을 씻는 것이 음식서비스 직원들을 위해 요구된다.

11. I object (to paying so much money for badly made products).

     S   V   전명구(전+명사구)

|해석| 나는 열악하게 만들어진 제품을 위해 너무 많은 돈을 쓰는 것에 반대합니다.

12. The small café (on the corner) is committed (to providing excellent coffee and fine service).

         S   전명구   be p.p   전명구(전+명사구)

|해석| 모퉁이에 있는 작은 카페는 훌륭한 커피와 좋은 서비스를 제공하는 것에 최선을 다합니다.

13. The instruction booklet can give you information (on creating a password).

         S   V   O   O   전명구(전+명사구)

|해석| 설명책자는 비밀번호를 만드는 것에 관한 정보를 너에게 제공해줄 수 있습니다.

14. Heather suggested (asking my lawyer for his opinion on this merger deal).

     S   V   O (준동사구─명)

|해석| 해더씨는 내 변호사에게 이번 합병 거래에 대해서 내 변호사의 의견을 물어볼 것을 제안했습니다.

15. Every company division will contribute (to improving employee productivity).

         S   V   전명구(전+명사구)

|해석| 모든 회사 부서는 직원 생산성을 개선하는 것에 기여할 것이다.

16. Competitiveness is maintained (by upgrading the skills of the employees).

         S   be p.p   전명구(전+명사구)

|해석| 경쟁력은 직원들의 기술을 업그레이드 시킴으로써 유지된다.

17. Mr. Madai suggested (promoting one of his team members).

       S   V   O (준동사구—명)

|해석| 마다이는 그의 팀원중의 한 명을 승진시키는 것을 제안했다.

18. The government is committed (to preserving natural resources).

         S   be p.p   전명구(전+명사구)

|해석| 정부는 자연자원을 보존하는 것에 최선을 다합니다.

[기본 문장 영작연습]

1. 토익을 공부하는 것은 재미있다

영작] **Studying Toeic is fun.**

2. 그는 토익을 공부할 것을 제안했다

영작] **He suggested studying Toeic.**

3. 내 의무는 토익을 공부하는 것이다

영작] **My duty is studying Toeic.**

4. 가격을 줄임으로써, 우리는 이윤을 개선할 수 있다

영작] **By reducing prices, we can improve profits.**

5. 그는 새 식당을 오픈하는데 있어서 성공했다

영작] **He succeeded in opening a new restaurant.**

6. 나는 거기 가는 것에 반대한다

영작] **I object to going there.**

7. 우리는 더 나은 제품을 만드는 것에 최선을 다한다

영작] **We are committed to providing better services.**

1. Students (studying Toeic) are here.

     S   준동사구-형   V

|해석| 토익을 공부하는 학생들이 여기에 있습니다.

2. The plan (announced in the meeting) was great.

     S   준동사구-형   V   C

|해석| 미팅에서 발표된 계획은 훌륭했다.

3. (Reading a book), you have to turn on the light.

     준동사구-부   S   조동사 V   전명구

|해석| 책을 읽으면서, 너는 불을 켜야 한다.

4. (When reading a book), you have to turn on the light.

     부사절 축약형.   S   조동사 V   전명구

|해석| 책을 읽을 때, 너는 불을 켜야 한다.

5. (As mentioned above), Seoul is a great place (to live).

     부사절 축약형   S V   C 준동사구-형

|해석| 앞서 언급되었듯이, 서울은 살기에 좋은 곳이다.

Unit4-3 분사

확인학습

1. Most of the people (inviting / **invited**) to the party didn't show up.

|해설| 본동사(didn't show)가 있으므로 준동사 자리. 명사 뒤므로 형용사구. 목적어 없으므로 p.p정답.

|해석| 파티에 초대된 사람들의 대부분이 나타나지 않았다.

2. (Serving / **Served**) with milk and sugar, it makes a delicious breakfast.

|해설| 부사구를 이끄는 준동사 자리. 목적어가 없으므로 p.p가 정답.

|해석| 우유와 설탕과 함께 제공되면서 그것은 맛있는 아침식사를 만들어 준다.

3. My sister had a talk with Sally, (**explaining** / explained) the problem.

|해설| 부사구를 이끄는 준동사 자리. 부사구는 주절보다 앞에 나올 수도 있지만, 주절 뒤에 나올 수도 있다. 더 강조하고 싶을 때 주절 뒤에 써준다. 목적어(problem)가 있으므로 ing가 정답.

|해석| 내 자매는 샐리와 얘기했다. 그 문제를 설명하면서.

4. Anyone (**touching** / touched) the wire will get a shock.

|해설| 본동사(will get)가 있으므로 준동사자리. anyone을 꾸며주는 형용사구. 목적어(the wire)가 있으므로 ing정답.

|해석| 그 전선을 만지는 어떤 사람도 전기충격을 받을 것이다.

5. She has been quite different since (**joining** / joined) the team.

|해설| since 뒤에 'she was'가 생략된 부사절 축약형이므로 준동사 자리. 뒤에 목적어(the team)가 있으므로 ing가 정답.

|해석| 그녀는 그 팀에 합류한 이래로 매우 달랐다.

6. Not (**knowing** / known) what to do, I called the police.

|해설| 부사구를 이끄는 준동사 자리. 뒤에 명사절 축약형(what to do)이 목적어 역할을 하므로 ing가 정답. 명사절 축약형은 마지막 주에 배울 내용.

|해석| 무엇을 해야 할지를 알지 못하면서, 나는 경찰에 전화했다.

7. The man (**sitting** / sat) in the corner is my brother.

|해설| 본동사(is)가 있으므로 준동사 자리. the man을 꾸며주는 형용사구. 목적어가 없지만 sit은 자동사이므로 ing가 정답. double check 해보면 "남자가 앉아있다" 'S-V'관계이므로 역시 ing정답.

|해석| 모퉁이에 앉아있는 그 남자가 나의 형제야.

8. Attendance at the conference reached 3,000 this year, (**breaking** / broken) last year's record of 2,500.

|해설| 부사구를 이끄는 준동사. 뒤에 목적어(last year's record)가 있으므로 ing가 정답.

|해석| 올해 회의 참석인원은 3000명에 도달했다. 작년의 기록인 2500을 깨면서.

9. They offered me a job (**cleaning** / cleaned) cars.

|해설| 본동사(offered)가 있으므로 준동사 자리. a job을 꾸며주는 형용사구. 목적어(cars)가 있으므로 ing가 정답.

|해석| 그들은 차를 닦는 일자리를 나에게 제안했다.

10. The project will continue as (**planning** / planned).

|해설| as 뒤에서 'it is'가 생략된 부사절 축약형이므로 준동사 자리. 뒤에 목적어가 없으므로 p.p가 정답.

|해석| 그 프로젝트는 계획대로 지속될 것이다.

11. When (opening / **opened**), cans should be kept in refrigerator.

|해설| when 뒤에 'cans are'가 생략된 부사절 축약형이므로 준동사 자리. 뒤에 목적어가 없으므로 p.p가 정답. open은 자동사로도 종종 쓰인다. double check를 해보면, 앞에 생략된 주어가 cans이므로 "깡통을 개봉하다" 'O-V' 관계이므로 역시 p.p가 정답.

|해석| 개봉될 때, 깡통들은 냉장고에 보관되어야 한다.

12. You have to leave your valuables under our supervision (**while** / during) on tour

|해설| 전명구는 절의 잔재이므로 그 앞은 절을 이끄는 접속사 자리. while이 정답.

|해석| 당신은 여행중인 동안에 귀중품들을 우리 감독하에 두어야 한다 ⇒ 우리에게 맡겨 두어야 한다.

[뼈대바르기 연습 Review]

1. Most of the people (invited to the party) didn't show up.

    S   준동사구–형   V

|해석| 파티에 초대된 대부분의 사람들이 나타나지 않았다.

2. (Served with milk and sugar), it makes a delicious breakfast.

         준동사구–부   S   V   O

|해석| 우유, 설탕과 함께 서빙되면서, 그것은 맛있는 아침식사를 만들어줍니다.

3. My sister had a talk (with Sally), (explaining the problem).

       S   V   O   전명구   준동사구–부

|해석| 우리 언니가 샐리와 대화를 했다. 그 문제를 설명해주면서.

4. Anyone (touching the wire) will get a shock.

    S   준동사–형   V   O

|해석| 그 전선을 만진 어떤 사람도 전기충격을 받을 것이다.

5. She has been quite different (since joining the team).

  S   V   C   부사절 축약형

|해석| 그녀는 팀에 합류한 이후로 매우 달라졌다.

6. (Not knowing what to do), I called the police.

     준동사–부   S   V   O

|해석| 뭘 해야 할지를 알지 못하면서, 나는 경찰에 전화를 했다.

7. The man (sitting in the corner) is my brother.

    S   준동사구–형   V   C

|해석| 모퉁이에 앉아있는 남자가 내 형제입니다.

8. Attendance (at the conference) reached 3,000 this year, (breaking last year's record of 2,500).

    S   전명구   V   O   시간부사   준동사–부

|해석| 올해 회의에서의 참석인원은 3000명에 도달했습니다. 작년의 기록인 2500을 깨면서.

9. They offered me a job (cleaning cars).

    S   V   O   O   준동사–형

|해석| 그들은 차를 닦는 일을 나에게 제안했다.

10. The project will continue (as planned).

        S   V   부사절축약형

|해석| 그 프로젝트는 계획대로 계속될 것이다.

11. (When opened), cans should be kept (in refrigerator).

   부사절 축약형   S   be p.p   전명구

|해석| 개봉되었을 때, 깡통들은 냉장고에 보관되어야 한다.

12. You have to leave your valuables (under our supervision) (while on tour)

  S   V   O   전명구   부사절 축약형

|해석| 관광중인 동안에 당신의 귀중품을 우리의 감독하에 맡겨두어야 한다.

13. Personal information (provided by its clients) is kept secure at all times.

       S   준동사구-형   be p.p OC 5형식 수동태

|해석| 고객에 의해 제공된 개인정보는 항상 안전하게 보관됩니다.

14. The Green Seeds is an organization (devoted to creating community gardens throughout

       S   V   C   준동사구-형

Gragdon County).

|해석| 그린시드사는 그래든 시 전역에서 지역 정원을 만들어 주는데 헌신하는 조직 입니다.

|해설| devote를 '헌신하다(X)'로 해석해서 의미상 관계를 따질 때 많이 혼동하는 문제! devote는 '헌신하다(X)'의 의미가 아니고 '헌신시키다(O)'는 의미에 동사. 동사로 쓰일 때 보통 수동태로 잘 쓰인다. 동명사 파트에서 be devoted to~ing (=be committed to = be dedicated to)로 묶어서 정리했다. 간혹 능동태로 쓰는 경우는 보통 s.b devote oneself의 형태로 쓰인다. '내가 나 자신을 헌신시켰다'와 같이 주어와 목적어 자리에 항상 같은 사람이 나온다. 그러니까 의미상 따져보면 'S-V' 'O-V'가 모두 성립해서 더 혼동된다. 그래서 태를 따질 때 '의미상 관계'보다 '목적어의 유무'를 먼저 따져봐야 한다! 의미상 관계를 따지면 더 혼동되는 경우가 종종 있다. 토익에 자주 나오는 자동사를 다 외워두는 것이 가장 중요하고, 이렇게 수동으로 잘 쓰이는 동사들은 수동형태로 외워두자!

15. The meeting (originally scheduled to be held on Friday) has been postponed.

       S   준동사구-형   be p.p

|해석| 원래 금요일에 열리기로 되어있던 미팅이 연기되었습니다.

16. We expect the event (to be larger than ever), (exceeding last year's turnout of 800

    S   V   O   OC   준동사구-부

members of the association).

|해석| 우리는 그 행사가 지금껏 보다 더 클 것으로 예상합니다. 작년의 참석인원인 900명을 초과하면서.

17. (For your safety), please wear earplugs (when operating this machinery).

     전명구   V   O   부사절 축약형

|해석| 당신의 안전을 위해서, 이 기계를 작동할 때는 귀마개를 착용하세요.

18. All cars (manufactured by Kyhachi Motors) meet the government's minimum standard
      S   준동사구-형   V   O
(for fuel efficiency).

|해석| 키하치 모토 사에 의해 제조된 모든 차들은 연비를 위한 정부의 최소기준치를 충족시킵니다.

19. All merchandise (ordered by 6 p.m.) will be delivered overnight.
        S   준동사구-형   be p.p   부사

|해석| 6시까지 주문된 모든 제품들은 익일 배송될 것이다.

20. Anyone (wishing to apply for the position) is asked (to submit a resume along with a
     S   준동사구-형   be p.p   OC (준동사구-기타구)
minimum of three references).

|해석| 이 자리에 지원하는 것을 원하는 어떤 사람도 최소 세 개의 추천서와 함께 이력서를 제출하도록 요구됩니다.

21. (When ordering new equipment), project leaders must remember (not to exceed the budget).
          부사절 축약형   S   V   준동사구-명

|해석| 새로운 설비를 주문할 때, 프로젝트 팀장들은 예산을 초과하지 말아야 하는 것을 기억해야 합니다.

22. (Originally limiting itself to the sale of concert tickets), concertticket.com has now started (to
              준동사구-부   S   V
sell its T-shirts, posters and other merchandise on its website).
         O (준동사구-명)

|해석| 원래는 자신을 콘서트 티켓의 판매로 제한하면서, 콘서트티켓 닷컴은 이제 그들의 웹사이트에서 티셔츠나 포스터 혹은 그 외 제품들을 판매하기 시작했습니다. (더 자연스럽게 의역하자면, 부사구를 '처음에는 콘서트 티켓의 판매로 제한했으나'로 해석)

23. Salanoff Fashions (operating throughout Russia now) started (as a small store) 10 years ago.
          S   준동사구-형   V   전명구

|해석| 지금 러시아 전역에서 사업하는 살란오프 패션 사는 10년전에 작은 가게로 시작했습니다.

24. Heavy rain will continue (across much of the region), (possibly affecting the morning
      S   V   전명구   준동사구-부
rush-hour commute).

|해석| 폭우가 이 지역 많은 곳에서 지속될 것이다. 아마도 아침 혼잡한 출근길에 영향을 미치면서.

25. (Offered monthly), the workshops take place (at the Dimona Arts Center) on Saturdays from
     준동사구-부   S   V   전명구
1:00 to 3:00 p.m.

|해석| 매달 제공되면서, 워크샵은 토요일에 디모나 아트 센터에서 오후 1시부터 3시까지 열립니다.
|해설| take place는 항상 능동으로만 쓰이기 때문에 묶어서 하나의 자동사로 보는 경우가 많다.

26. Ms. Grandison has more than 30 years' experience (working as a professional sculptor).

        S   V   O   준동사구-부

|해석| 그랜디슨은 30년 이상의 경험을 가지고 있습니다. 전문 조각가로 일하면서.

27. We advise you (to check the seasonal weather trends for your destination) (before making

      S   V   O   OC   부사절 축약형

your reservation).

|해석| 우리는 당신이 예약하기 전에 목적지의 계절적인 날씨추세를 확인할 것을 권고하는 바입니다.

[기본 문장 영작연습]

1. 토익을 공부하는 학생들은 여기 있다.

영작] **Students studying Toeic are here.**

2. 미팅에서 발표된 계획은 훌륭했습니다.

영작] **The plan announced in the meeting was great.**

3. 책을 읽으면서, 너는 불을 켜야 한다.

영작] **Reading a book, you have to turn on the light.**

4. 위에서 언급되었으면서, 서울은 살기에 좋은 곳이다.

영작] **Mentioned above, Seoul is a great place to live.**

5. 책을 읽을 때,

영작] **When reading a book,**

6. 위에서 언급되었듯이,

영작] **As mentioned above,**

7. 만약 가능하다면,

영작] **If possible,**

8. 근무중인 동안에,

영작] **While on duty,**

[뼈대바르기 연습 Preview]

1. our demanding boss / leading companies / our valued employees / the revised book

|해석| 우리의 까다로운 사장님 / 선두 기업들 / 우리의 소중한 직원들 / 개정된 책

2. exciting movies / the movie is exciting

|해석| 신나는 영화 / 이 영화는 신난다.

3. The letters (requesting payment) have been sent.

      S   준동사구ㅡ형   V

|해석| 대금지불을 요구하는 편지가 발송되었습니다.

4. It has rained all day, (ruining parties).

  S   V   준동사구ㅡ부

|해석| 하루종일 비가 내렸습니다. 파티를 망쳐놓으면서.

5. The reserved table / (reserving the table)

      형용사   준동사구ㅡ명

|해석| 예약된 테이블 / 테이블을 예약하는 것

Unit4-4 분사형 형용사

확인학습

1. All products (inspecting / **inspected**) in our facility are not defective.

|해설| products를 꾸며주는 형용사구이므로 준동사. 뒤에 목적어가 없으므로 p.p가 정답.

|해석| 우리 시설에서 검사된 모든 제품들은 결함이 있지 않다.

2. Most flights (**serving** / served) meals usually offer free beverages.

|해설| [n. ___ n.] 빈칸은 ing 자리! 앞에 명사를 꾸며주는 형용사구이므로 준동사. 목적어가 있으므로 ing 정답.

|해석| 음식을 제공하는 대부분의 항공편들은 무료 음료수도 보통 제공한다.

3. I received a (**disappointing** / disappointed) score this month.

|해설| disappoint는 감정동사. 수식하는 명사(score)가 사물이므로 ing가 정답.

|해석| 나는 이번 달에 실망스런 점수를 받았다.

4. Safety has greatly improved since the (revising / **revised**) procedures were implemented.

|해설| [관사 ___ n.] 빈칸은 형용사자리. 의미상의 관계를 따져보면 "절차를 고치다" 'O—V'관계이므로 p.p가 정답.

|해석| 개정된 절차가 실행된 이래로 안전이 크게 향상되었다.

5. I find the movie (**fascinating** / fascinated).

|해설| 일단 find가 이끄는 5형식 구조. 게다가 fascinate는 감정동사. 목적보어 자리이므로 목적어를 수식하는 역할. 수식 받는 명사가 movie, 사물이므로 ing가 정답.

|해석| 나는 그 영화가 멋지다고 생각한다.

6. Please keep me (informing / **informed**) of the current situation.

|해설| 역시 keep이 이끄는 5형식 구조. 목적보어자리이므로 목적어(me)와 의미상의 관계를 따져보면 "나에게 알려주다" 'O—V'관계이므로 p.p가 정답. 'keep me informed'는 덩어리로 잘 쓰이는 표현이므로 묶어서 외워두자. "계속 저에게 알려주세요"라는 의미.

|해석| 현 상황에 대해서 저에게 계속 알려주세요.

7. (Locating / **Located**) in the center of the city, the hotel offers various facilities.

|해설| 부사구를 이끄는 준동사자리. 뒤에 목적어가 없으므로 p.p가 정답.

|해석| 도시 중심부에 위치해있으면서, 그 호텔은 다양한 시설을 제공한다.

8. All of the recently (hiring / **hired**) employees must view a video on workplace safety.

|해설| [관사+부사_____n.] 빈칸은 관사 뒤므로 명사를 꾸며주는 형용사자리. 의미[상 관계를 따져보면 "직원을 고용하다" 'O-V'관계이므로 p.p가 정답.

|해석| 최근에 고용된 직원들 모두는 일터 안전에 대한 비디오를 시청해야 한다.

9. While (**working** / worked) in the factory, you must be always alert.

|해설| while이 이끄는 부사절 축약형이므로 준동사자리. 뒤에 목적어는 없지만 work가 자동사이므로 ing가 정답. 주어와 의미상 관계를 따져보면, 부사절 축약형에서 생략된 주어는 주절의 주어인 you와 일치하므로, "네가 일한다" 'S-V'관계이므로 역시 ing.

|해석| 공장에서 일하는 동안에 당신은 항상 정신을 바짝 차려야 한다.

10. Please accept the (enclosing / **enclosed**) coupon book as thanks for using our service.

|해설| [관사_____n.] 빈칸은 형용사자리. 의미상 관계를 따져보면 "쿠폰북을 동봉하다" 'O-V'관계이므로 p.p가 정답.

|해석| 우리 서비스를 이용해주신 것에 대한 감사로써 동봉된 쿠폰북을 받아주세요.

[준동사 최종 점검 Practice]

The computer was purchased yesterday. [본동사 일부 : be p.p 수동태]

|해석| 그 컴퓨터는 어제 구매되었습니다

The purchased computers need to be regularly maintained. [형용사]

|해석| 구매된 컴퓨터들은 정기적으로 유지보수 되어야 합니다.

The computers (purchased at a discount) often break down. [준동사 - 형용사구 : "~된"]

|해석| 할인된 가격에 구매된 컴퓨터들은 자주 고장이 납니다.

When purchased at a discount, computers are not refundable. [준동사 - 부사절 축약형]

|해석| 할인된 가격에 구매될 때, 컴퓨터들은 환불이 되지 않습니다.

I have purchased the computer. [본동사 일부 : have p.p 완료시제]

|해석| 나는 컴퓨터를 구매했습니다.

We are a leading company. [형용사]

|해석| 우리는 선두 기업 입니다.

He is leading a company. [본동사의 일부 : be ing 현재진행시제]

|해석| 그는 한 회사를 이끌고 있습니다.

People (leading companies) suffer from intensive stress. [준동사 – 형용사구]

|해석| 회사를 이끄는 사람들은 강한 스트레스를 겪습니다.

Leading companies, he has learned a lot. [준동사 – 부사구]

|해석| 회사를 이끌면서, 그는 많은 것을 배웠습니다.

[뼈대바르기 연습 Review]

1. Most of the people (invited to the party) didn't show up. [준동사구–형]

|해석| 파티에 초대된 대부분의 사람들은 나타나지 않았다.
|해설| 명사 뒤므로 준동사 형용사구. 목적어가 없으므로 p.p가 정답.

2. The sports game was exciting. [형용사–감정동사]

|해석| 그 스포츠 게임은 신났다.
|해설| 보어자리에 나온 형용사는 주어를 수식하는 자리. 주어가 사물(game)이므로 ing가 정답.

3. The information (given) is not correct, so you must correct it. [준동사구–형]

|해석| 제공된 정보는 정확하지 않았다. 그래서 당신은 그것을 수정해야 한다.
|해설| 명사 뒤므로 준동사 형용사구. 목적어가 없으므로 p.p가 정답.

4. The finished paper must be submitted by the end of this week. [형용사 –관형명]

|해석| 완성된 논문은 이번 주 말까지 제출되어야 합니다.
|해설| [관사___n.] 빈칸은 형용사자리. "논문을 끝내다" 'O–V'관계이므로 p.p가 정답.

5. Tickets (purchased) can be exchanged within 24 hours of purchase. [준동사구–형]

|해석| 구매된 티켓들은 구매한지 24시간 안에 교환가능 합니다.
|해설| 명사 뒤므로 준동사 형용사구. 목적어가 없으므로 p.p가 정답.

6. (Written in simple English), this book is suitable for beginners. [준동사구–부]

|해석| 단순한 영어로 작성되었으면서, 이 책은 초보자들에게 적절합니다.
|해설| 부사구를 이끄는 준동사자리. 목적어가 없으므로 p.p가 정답.

7. All employees interested in (attending the luncheon) should add their names to the list.
[준동사구–명]

|해석| 오찬에 참석하는 것에 관심 있는 모든 직원들은 그들의 이름을 명단에 추가해야 합니다.

|해설| 전치사 뒤에 명사가 아닌 명사구(동명사구)가 나온 형태. [_____ 관사+n.] 관사 앞자리이므로 형용사는 나올 수 없다.

8. To keep customers satisfied about the product, the company is getting feedback from them.
[형용사–감정동사 / 5형식구조]

|해석| 고객들을 계속 우리제품에 대해 만족하게 만들기 위해서, 그 회사는 그들(고객들)로부터 피드백(의견)을 받고 있습니다.

|해설| keep이 이끄는 5형식 구조. 게다가 satisfy는 감정동사. 목적보어이므로 목적어를 꾸며주는 자리. 목적어가 사람(customers)이므로 p.p가 정답.

9. The suggested revisions to the second paragraph will make the passage more interesting.
[형용사–관형명]

|해석| 두 번째 문단에 대한 제안된 수정은 그 구절을 더 흥미롭게 만들어줄 것입니다.

|해설| [관사_____n.] 빈칸은 형용사자리. "수정을 제안하다" 'O–V'관계이므로 p.p가 정답.

10. We are considering (introducing a new line of clothing) (designed for the younger generation).
[준동사구–명 / 준동사구–형]

|해석| 우리는 더 젊은 세대들을 위해 만들어진 새로운 의류라인을 도입하는 것을 고려하고 있는 중입니다.

|해설| consider는 동명사를 목적어로 취하는 동사. consider의 목적어 역할을 하는 명사구. / designed는 명사 뒤므로 준동사 형용사구. 목적어가 없으므로 p.p가 정답.

11. The company focused exclusively on improving its existing products in the second quarter.
[형용사]

|해석| 그 회사는 2사분기에 그들의 기존의 제품을 개선하는 것에만 주력했습니다.

|해설| [소유격_____n.] 소유격은 관사와 똑 같은 위치. '관형명'이므로 빈칸은 형용사 자리. existing은 ing형 형용사로 외운 표현. 외워놨으면 3초짜리. 아니면 관계를 따져본다. "제품이 존재한다" 'S–V'관계이므로 ing가 정답.

12. (When faced with a problem), he always finds a solution. [준동사구–부사절 축약형]

|해석| 문제에 직면했을 때, 그는 항상 해결책을 찾습니다.

|해설| face는 의미상 관계로 Double Check을 하면 더 혼동되는 어휘. face는 좀 특이한 동사다. [A face B : "A가 B를 마주하고 있다"]는 의미로, 주어와 목적어가 자리를 바꿔도 의미가 동일해진다. 그러므로 의미상 관계를 따지면 'S–V', 'O–V'관계가 모두 성립한다. "그가 문제를 직면하고 있다=문제가 그를 직면하고 있다". 그러므로 타동사임을 기억하고, 항상 목적어의 유무로만 따지자. 특히 face동사가 수동태로 쓰일 때는 [A is faced with B : "A가 B를 마주하고 있는 상태다"] 항상 with를 동반하므로 뒤에 전치사 with가 있으면 수동, 목적어가 바로 나오면 능동으로 결정한다.

13. We are pleased to offer you the top-quality service. [형용사–감정동사]

|해석| 우리는 최고 품질의 서비스를 너에게 제공하게 되어서 기쁩니다.

|해설| 보어자리에 쓰인 형용사이므로 주어를 수식하는 자리. 주어가 사람(we)이므로 p.p가 정답.

14. The conference offers free hotel rooms for visitors (staying overnight in the city).
[준동사구-형 / 자동사]

|해석| 그 회의는 도시에 일박을 하는 방문객들을 위해서 무료 호텔 객실을 제공합니다.

|해설| 명사 뒤로 준동사 형용사구. 그런데 stay는 자동사이므로 목적어가 없어도 ing가 정답이 된다. 의미상 관계로 Double Check 해보면 "방문객이 머문다" 'S–V'관계이므로 ing가 정답.

15. (When driving to work), I usually listen to the radio. [준동사구-부사절 축약형 / 자동사]

|해석| 회사에 차를 몰고 갈 때, 나는 보통 라디오를 듣는다.

|해설| when이 이끄는 부사절 축약형이므로 준동사자리. 목적어는 없지만 drive는 자동사. 그러므로 ing가 정답. 의미상 관계로 Double Check해보면 부사절 축약형에서 생략된 주어는 주절은 주어인 'I'이므로, "내가 운전해서 간다" 'S–V'관계이므로 ing가 정답. drive는 타동사로도 쓰인다. 'drive a car : 차를 몬다'일 때는 타동사. 자동사로도 많이 쓰이는데 이때는 "(차를 몰고) 이동한다, 가다"의 의미. go 동사와 마찬가지로 '가다, 이동하다'의 의미이므로 자동사.

16. Boston-based noodle company has a restaurant chain (featuring inexpensive noodle dishes).
[준동사구-형]

|해석| 보스턴에 본사를 두고 있는 국수 회사는 값싼 국수요리를 특징으로 하는 레스토랑 체인을 가지고 있습니다.

|해설| [n. _____ n.] 빈칸은 ing. 앞에 있는 명사를 꾸며주는 형용사구이며, 뒤에 목적어가 있으므로 ing가 정답.

17. Veris Technology Company is committed to (providing products at an affordable price).
[준동사구-명]

|해석| 베리스 테크놀로지 사는 저렴한 가격에 제품을 제공하는 것에 최선을 다하고 있습니다.

|해설| 'be committed to'에서 to는 전치사. 특히 동명사(ing)를 잘 수반하는 표현. 전치사 뒤에 명사가 아닌 동명사가 이끄는 명사구 가 나온 형태.

18. Each employee should carefully study the materials (given out at the beginning of the workshop). [준동사구-형]

|해석| 각 직원들은 워크샵 초반에 제공된 자료들을 조심스럽게 공부해야 합니다.

|해설| 명사 뒤므로 준동사 형용사구. 뒤에 목적어가 없으므로 p.p가 정답.

19. (After organizing a joint venture business), Mr. Simon met with some interested investors.
[준동사구-부사절 축약형]

|해석| 합작 회사 사업을 준비하고 나서, 시몬씨는 관심 있는 몇몇 투자자와 만났습니다.

|해설| after가 이끄는 부사절 축약형이므로 준동사 자리. 뒤에 목적어가 있으므로 ing가 정답.

20. (Trained adequately), new employees will be able to successfully perform their duties.
[준동사구-부]

|해석| 적절히 훈련을 받으면서, 신규 직원들은 성공적으로 의무를 수행할 수 있을 것입니다. (엄밀히 해석하면, 적절히 교육을 받았기 때문에, 'because'가 생략된 것으로 추정할 수 있다.)

|해설| 부사구를 이끄는 준동사구. 뒤에는 목적어가 없으므로 p.p가 정답.

21. (When filling out the survey), you do not need to answer all the questions.
[준동사구-부사절 축약형]

|해석| 설문지를 작성할 때, 당신은 모든 질문에 답할 필요는 없습니다.

|해설| when이 이끄는 부사절 축약형이므로 준동사 자리. fill은 out과 짝꿍이 되는 자동사. 앞서 배운 표현. 그러므로 ing가 정답.

22. (Receiving good reviews), the product sold well. [준동사구-부]

|해석| 좋은 평가를 받으면서, 제품은 잘 팔렸습니다.

|해설| 부사구를 이끄는 준동사구. 목적어가 있으므로 ing가 정답.

23. (Damaged by the hurricane), the building had to be renovated. [준동사구-부]

|해석| 허리케인에 의해 피해를 입으면서 그 빌딩은 수리되어야 합니다. (엄밀히 해석해보면 피해를 입었기 때문에, 혹은 피해를 입은 후에라고 해석할 수 있다.)

|해설| 부사구를 이끄는 준동사구. 목적어가 없으므로 p.p가 정답. 이때 의미상 관계를 따지면 역시 혼동하기 쉽다. damage는 "파손된다(X)"가 아닌 "파손시키다(O)"의 의미. 주절의 주어와 의미상 관계를 따져서 "빌딩이 파손된다"니까 'S-V'관계.. 라고 혼동하지 않도록 주의! "빌딩을 파손시키다" 'O-V'관계이므로 p.p가 정답.

24. (Unless directed by your doctor), do not take any other medication.
[준동사구-부사절 축약형]

|해석| 의사에 의해 지시를 받지 않았다면, 다른 어떤 약도 먹지 마세요.

|해설| unless가 이끄는 부사절 축약형이므로 준동사 자리. 목적어가 없으므로 p.p가 정답.

[기본 문장 영작연습]

1. 우리 까다로운 사장님 / 선두 기업들

영작] **Our demanding boss / leading companies**

2. 우리의 소중한 직원들 / 개정된 책

영작] **our valued employees / the revised book**

3. 신나는 영화 / 그 영화는 신난다.

영작] **an exciting movie / The movie is exciting.**

4. 실망한 학생들 / 나는 실망했다.

영작] **disappointed students / I am disappointed.**

5. 대금지불을 요청하는 편지들이 전송됐다.

영작] **The letters requesting payment have been sent.**

6. 하루 종일 비가 왔다. 파티를 망쳐놓으면서.

영작] **It has rained all day, ruining parties.**

7. 예약된 테이블 / 테이블을 예약하는 것 (관사 the 넣어서)

영작] **the reserved table / reserving the table**

[준동사 총정리]

1	D	2	D	3	A	4	B	5	C	6	D	7	A	8	B	9	C	10	B
11	D	12	B	13	C	14	B	15	A	16	B	17	B	18	D	19	C	20	D
21	A	22	A	23	A	24	D	25	A	26	D	27	C	28	A	29	D	30	A
31	B	32	C	33	B	34	B	35	A	36	A	37	B	38	D	39	B	40	A

[뼈대바르기 연습 Review]

1. (Before deciding to purchase a copy machine from Fine Copy,) Mr. Ryu consulted the sales

　　　　　　부사절 축약형 or 전명구(전치사+명사구)　　　　　　　　　S　　　　　V

representative (from the company).

　　　O　　　　　　전명구

|해석| Fine Copy로부터 복사기를 구매하는 것을 결정 하기 이전 류씨는 그 회사의 판매 직원과 상담을 했다.

|해설| 부사절 축약형으로 볼 경우 준동사 자리. decide는 to부정사를 목적어로 취하는 동사다. 목적어가 있으므로 ing가 정답. 주어와 의미상의 관계로 Double Check 해보면 생략된 주어는 Mr. Ryu이므로 "류씨가 결정했다" 'O—V'관계이므로 p.p가 정답. 혹은 before는 접속사 뿐만 아니라 전치사의 기능도 가진다. 전치사로 본다면 전치사 뒤에 명사가 아닌 명사구(동명사)가 온 구조.

2. The Vandello Health Organization last Friday held its thirteenth anniversary celebration

　　　　　　　　　　　S　　　　　　　　　　　　　V　　　　　　　　　　　　　　　O

(honoring its founding members.)

　　　　준동사구—형

|해석| 지난 금요일에 Vandello건강협회는 그들의 창립 멤버들에게 상을 수여하는 13회 연례 행사를 개최했습니다

|해설| [n. ___ n.] 빈칸은 ing. celebration을 꾸며주는 형용사구로써 뒤에 목적어가 있으므로 ing가 정답.

3. We assure you (that you will be satisfied with the service) (provided in our exclusive resort.)

　　S　　V　　O　　　　　　O(명사절) → 특수 4형식.　　　　　　　　　준동사구—형

|해석| 우리는 당신이 우리의 전용 리조트에서 제공된 서비스에 만족할 것이라는 것을 안심시켜드리는 바입니다.

|해설| satisfy는 감정동사. 보어는 주어를 수식하는 자리이므로 주어가 사람(you)이므로 p.p가 정답. (D) satisfactory는 사물만 꾸며 주는 형용사.

4. Mr. Kim wants (to schedule a meeting with the head of the Research and Development Department)

　　　S　　　V　　　　　　　　　　　　　　　　　O (준동사구—명)

(to discuss the company's state-of the-art laptop computer.)

　　　　　준동사구—부사구

|해석| 김씨는 회사의 최첨단 노트북 컴퓨터를 논의 하기 위해서 연구개발 부서장과의 회의 일정을 잡는 것을 원한다

|해설| 부사구이며, "~위해서"로 해석되므로 to부정사가 정답. (A) can, (D) will이 나올 경우 '조동사+동사원형'은 본동사가 된다. 본동사 (wants)가 이미 있고 접속사가 없으므로 본동사는 또 나올 수 없다. (C) so는 접속사이므로 역시 나올 수 없다.

5. Tuition reimbursement benefits are provided (by many companies) (as a way) (of retaining employees.)

| | S | be p.p | | 전명구 | | 전명구 | 전명구(전치사+명사구) |

|해석| 많은 회사들에 의해 직원들을 놓지지 않고 붙잡아두는 방법으로써 수업료 환급 수당이 제공된다

|해설| [전치사___n.] 빈칸에는 형용사/동명사가 구조상 모두 나올 수 있다. 해석에 의해 의미상 따져봐야 하는 난이도 높은 문제. 형용사로 볼 경우 의미 관계를 따지면 "직원을 붙잡아두다" 'O–V'관계이므로 p.p형태를 고르게 된다. 이 경우 'of retained employees'는 "붙잡아진 직원들의 방법으로써(X)" 해석상 어색하므로 정답이 될 수 없다.

---

6. Ms. Whang instructed her secretary (to type the letter) (before the end of the day).

| S | V | O | OC → 5형식 | 전명구 |

|해석| 왕씨는 그녀의 비서가 오늘 업무 끝나기 전에 편지를 쓰도록 지시 했다.

|해설| instruct는 "지시하다"는 의미의 동사. "지시하다, 요청하다"는 의미의 동사들은 전부 5형식 구조로 잘 쓰인다. 게다가 해석해보면 목적어(secretary)가 to부정사(to type)의 주어 역할이다. "비서가 타이핑한다". 그러므로 5형식 구조임을 확인할 수 있다! 5형식은 목적어를 주어처럼 해석! 그러므로 to부정사가 정답.

---

7. (If Bashimi House is unable to deliver the goods within 10 days of receiving your order,) you

| | 부사절 | | S |

will be entitled (to cancel the order and obtain a full refund.)

| | be p.p | OC1 | and | OC2 |

|해석| Bashimi House가 당신의 주문을 받은 10일 이내에 물품을 배송할 수 없다면, 당신은 주문을 취소 하고 전액 환불을 받을 자격이 주어질 것입니다.

|해설| [전치사___소유격+n.] 소유격은 관사와 같은 위치. 형용사는 관사보다 뒤에 나와야 하므로 빈칸에 형용사는 들어갈 수 없다. 전치사 뒤에 명사대신 명사구(동명사)가 나온 구조. 'be entitled to do : ~할 자격이 주어지다. 자격을 갖추다' 이 표현은 늘 수동태로 잘 쓰이므로 묶어서 외워두자.

---

8. We are selling our spring clothing (at a special price) (to make room for the new summer goods).

| S | V | O | 전명구 | 준동사구–부사구 |

|해석| 우리는 새로운 여름신상품을 위한 공간을 마련하기 위해서 봄 옷을 특별가에 판매하고 있습니다.

|해설| 해석해보면 "마련하기 위해서"가 되므로 to부정사가 정답. 여기서 to는 전치사일 수는 없다. 전치사의 경우는 "~에게, ~로"로 해석되어야 한다. "공간을 마련하는 것에 판매하고 있다(X)"는 의미상 성립하지 않는다.

---

9. Philadelphia Dairy is one (of the specialty stores) (selling a large selection of quality cheese.)

| S | V | C | 전명구 | 준동사구–형 |

|해석| Philadelphia Dairy는 품질 좋은 다양한 치즈를 판매하는 특별한 가게들 중의 하나이다.

|해설| [n. ___ n.] 빈칸은 ing. stores를 꾸며주는 형용사구로써 뒤에 목적어(selection)가 있으므로 ing가 정답.

---

10. The spokesperson (of Adrian Corp.) announced (on Tuesday) (that they will acquire JK

| S | 전명구 | V | 전명구 | O(명사절) |

Campbell Industries for 3.5 million dollars),(confirming its plans to break into Asia.)

| | 준동사구–부사구 |

|해석| 아드리안사의 대변인은 이 회사의 아시아 진출 계획을 확인해주면서 350만 달러에 JK Campbell사를 인수 할 것이라고 화요일에 발표 했다.

|해설| [S+V+O, ___n.] 빈칸은 부사구를 이끄는 준동사 자리로 목적어가 뒤에 있으므로 ing가 정답. 'It has rained all day, ruining parties'와 같은 구조!

11. This morning the company announced the newly revised dress code (that will take effect as

       시간부사   S   V   부사   형용사   O   형용사절

of next Monday).

|해석| 오늘 아침 그 업체는 다음주 월요일 부로 효력을 발생하게 될 새롭게 개정된 복장규정을 발표했습니다.

|해설| [관사＿＿＿ n.] 빈칸은 '관형명'으로써 형용사자리. 의미상 관계를 따져보면 "복장규정을 개정하다" 'O-V'관계이므로 p.p가 정답. this morning의 경우 시간명사가 전치사 없이 나왔다. 시간 명사 앞에 this/next/last가 붙을 경우 그 앞에 전치사는 생략된다. 전치사 가 없어도 명사가 아닌 부사로 구분하자.

---

12. Employees are eager to learn and make improvements (in their performance).

       S   조동사 대용   V1 and V2   O   전명구

|해석| 직원들은 배우고 그들의 실적에 있어서 개선되어 가기를 몹시 원한다.

|해설| [be＿＿ to do~] 빈칸에 들어갈 형용사 able, likely, willing, reluctant, ready, eager 중 1개를 고르는 문제.

---

13. The owner (of the Cheese Factory Restaurant) was pleased (to receive a favorable review in

      S   전명구   V   C   준동사구-부

the local newspaper.)

|해석| Cheese Factory Restaurant의 소유주는 지역 신문에서 호의적인 평을 받아서 기뻤다.

|해설| 위에 12번 문제에 적용되는 형용사들 외에도 감정형용사 뒤에서는 to부정사가 잘 붙는다. 이때 to부정사는 부사구이긴 하지만 "~위해서"가 아닌 "~하게 되어서"로 해석. 해당 감정을 느낀 이유가 된다.

---

14. We continue (to upgrade our surveillance systems), (ensuring our customers the top-notch

     S   V   O (준동사구-명)   준동사구-부사구

security systems.)

|해석| 최고의 보안 시스템을 우리의 고객들에게 보장해주면서 우리는 우리의 감시 시스템을 개선 하는 것을 계속하고 있다.

|해설| [S+V+O.＿＿＿ n.] 빈칸은 부사구를 이끄는 준동사 자리로 목적어가 뒤에 있으므로 ing가 정답. 'It has rained all day, ruining parties'와 같은 구조!

---

15. It is my pleasure (to inform you that as of Februay 1, Adrian Rantilla will be the new District

    가주어 V   C   진주어(준동사구-명)：inform you that ~ 특수 4형식

Manager in your area.)

|해석| Adrian Rantilla가 2월 1일 부로 당신 구역의 새로운 District Manager가 될 것이라는 사실을 알리는 것은 나의 기쁨이다 ⇒ 알려주게 되어 기쁘다.

|해설| 파트5 문제에서 'It'으로 문장이 시작한다면 이 'It'은 항상 가주어. 빈칸은 진주어 역할이므로 to부정사. 동사원형이 정답.

---

16. A trip (to Grand Canyon) will make visitors quite excited (about its beauty of nature.)

     S   전명구   V   O   O.C   전명구

|해석| 그랜드 캐년으로의 여행은 방문객들이 자연의 아름다움에 대해 매우 흥분하게 만들 것입니다.

|해설| make는 5형식 동사. quite은 부사이므로 아직 빈칸에 형용사가 필요하다. 게다가 excite는 감정동사. 목적보어가 꾸며주는 목적어(visitors)가 사람이므로 p.p가 정답.

17. The newly renovated bus **terminal** formally **opened** (on Tuesday,) (giving passengers ease

　　　　　　부사　　　형용사　　　　　S　　　　　V　　　　전명구　　　　　　부사구

and convenience in taking buses.)

|해석| 버스타는데 있어서 쉽고 편안함을 승객들에게 제공해주면서 새롭게 보수된 버스 터미널은 화요일에 공식적으로 오픈했다

|해설| [관사+부사___n.] 빈칸은 형용사자리. 의미상 관계를 따지면 "터미널을 수리하다" 'O—V'관계이므로 p.p가 정답.

---

18. Ms. Remnick carefully **reviewed** the **proposal** (for the new plant in Ulsan) (before agreeing

　　　　　S　　　　　　　V　　　　　O　　　　　전명구　　　　　부사절 축약형 or 전명구(전+명사구)

to the construction.)

|해석| Remnick씨는 공사 하는 것을 동의 하기 전에 울산의 새로운 공장을 위한 제안서를 자세하게 검토했다.

|해설| before가 이끄는 부사절 축약형으로 볼 경우 agree는 자동사이므로 ing가 정답. 의미상 관계로 Double Check해보면 생략된 주어는 주절의 주어인 Ms. Remnick이므로 "렘닉씨가 합의했다" 'S—V'관계이므로 역시 ing. before는 전치사의 기능도 가진다. 그렇게 볼 경우 전치사 뒤에 명사가 아닌 명사구(동명사)가 나온 구조.

---

19. Many **people** do not **mind** (investing in gold), and **they** also **earn** considerable **amount** (of

　　　　　S　　　　　V　　　　O(준동사구—명)　　　and　S　　　V　　　　　O　　　전명구

profit from it).

|해석| 많은 사람들은 금에 투자하는 것을 꺼리지 않으며 그들은 또한 금으로부터 상당한 수익을 번다.

|해설| mind는 동명사를 목적어로 취하는 동사.

---

20. It is known (that we have to avoid excessive fat, salt and sugar) (in order to maintain a

　가주어　be p.p　　　　　　　　진주어(명사절)　　　　　　　　　　　준동사구—부사구

healthy life.)

|해석| 건강한 삶을 유지 하기 위해서 우리는 지나친 지방, 소금과 설탕을 피해야 한다는 것이 알려져 있다.

|해설| maintain은 동사 원형. (A) for는 전치사고 (B) because, (C) so that은 접속사. 전치사나 접속사 뒤에서는 동사원형이 나올 수 없다. 동사원형을 취할 수 있는 in order to가 정답. 문장에서 fat, salt and sugar는 모두 avoid의 목적어 역할.

---

21. Sales personnel are required (to provide customers with a confirmation number and an

　　　　　S　　　　be p.p　　　　　OC(준동사구—기타구)

expected delivery date.)

|해석| 판매직원들은 고객들에게 확인 번호와 예상 배송 날짜를 제공 해야 합니다.

|해설| [관사___n.] 빈칸은 형용사자리. 의미상 관계를 따지면 "배송일을 예상하다" 'O—V'관계이므로 p.p가 정답.

---

22. Mount Community College is committed (to arranging reasonable accommodations) (for all

　　　　　S　　　　　　　be p.p　　　　　전명구(전치사+명사구)　　　　전명구

students with disabilities.)

|해석| Mount Community 대학은 장애를 가진 모든 학생들을 위한 합리적인 숙소시설을 준비하는 것에 최선을 다한다

|해설| 'be committed to'에서 to는 전치사. 뒤에는 명사나 동명사가 올 수 있다. 빈칸 뒤에 명사가 있으므로 빈칸에 명사는 또 나올 수 없고 accommodations를 목적어로 취하는 동명사가 정답.

23. **The pharmaceutical firm**, Goodheal, Inc., **generated** 120 million **dollars** (in the second quarter),
 　　　　　　S　　　　　　　　　동격의 명사　　　　　　　V　　　　　　　　　O　　　　　　　　전명구

(allowing it to fund its expansion into the new market.)
준동사구-부사구

|해석| Goodheal 제약 회사는 새로운 시장으로의 회사의 확장을 자금 지원하도록 만들어주면서, 2사분기에 12억 달러를 벌었다.

|해설| [S+V+O, ___ n.] 빈칸은 부사구를 이끄는 준동사 자리로 목적어가 뒤에 있으므로 ing가 정답. 'It has rained all day, ruining parties'와 같은 구조!

24. **(To celebrate the renovation of Rudder Tower)**, restoration **celebration** will **take place** this
 　　　　　　　　　준동사구-부　　　　　　　　　　　　　　　　　　　S　　　　　V

coming Monday (in front of the tower).
　　시간부사　　　　　전명구

|해석| 러더타워의 수리를 기념하기 위해서 개조기념식이 이번 다가오는 월요일에 타워 앞에 열릴 것이다.

|해설| 빈칸부터 tower까지 묶어서 뒤에 콤마가 있으므로 추가로 나온 부사구가 되야 한다. (B) In celebration은 자체로 전명구가 되니까 부사구는 될 수 있지만 뒤에 명사를 또 수반할 수 없다. 부사구 역할을 하는 to부정사 자리.

25. **Vezon Mobile allows customers** (to upgrade within a year of the contract end date) (with a $20 fee.)
 　　　　S　　　　　V　　　　O　　　　　　　　O.C(준동사구-기타구)　　　　　　　　　　　　　　　전명구

|해석| Vezon Mobile사는 고객들이 20달러 요금으로 계약만료 날짜 일년 이내에 업그레이드 하도록 허용해준다.

|해설| [___ 목적어+to부정사] 빈칸은 to부정사를 목적보어로 취하는 동사가 들어갈 자리. allow가 정답.

26. **It is mandatory** (for applicants) (to mention their telephone numbers) (so that they can be
 　가주어V　　C　　　전명구(의미상주어)　　　　명사구(진주어)　　　　　　　　　　　부사절

contacted) (in case of any discrepancy in the application form.)
　　전명구

|해석| 신청서에 어떠한 오류가 있는 경우에 그들이 연락 받을 수 있도록 하기 위해서 지원자들이 전화 번호를 알리는 것은 의무적이다.

|해설| to부정사 바로 앞에 명사가 나온 경우는 일단 to부정사의 '의미상의 주어'를 의심해본다. 해석해보면 "지원자가 그들의 전화번호를 언급한다" 'S-V'관계가 성립한다. 그러므로 for가 정답.

27. **MathWorks.com is an internationally recognized developer** (of mathematical computing
 　　　　　　S　　　V　　　　부사　　　　형용사　　　　C　　　　　　　전명구

software with offices in Tokyo and New York).

|해석| 매쓰웍스사는 동경과 뉴욕에 사무실을 가지고 있는 수학계산 소프트웨어를 만드는 국제적으로 인정받는 개발업체다.

|해설| [관사+부사___n.] 빈칸은 형용사자리. 의미상 관계를 따져보자. "개발업체가 인정한다, 개발업체를 인정한다". 이 경우 의미상으로 둘 다 가능해 보인다. 이럴 경우 좀 더 크게 문맥상 따져보자. 이 회사는 "인정하는 회사"일까 "인정받는 회사일까". 인정받는 회사가 더 자연스럽다. 그러므로 p.p가 정답. 'internationally recognized'는 "국제적으로 인정받는"의미로 짝꿍으로 잘 쓰이는 표현. 묶어서 외워두자.

28. (After carefully reviewing a number of applications for marketing associate), we are pleased (to invite

　　　　　　　부사절 축약형 or 전명구(전+명사구)　　　　　　　　　　　　　　　　　S　V　C　준동사구-부

you to an interview).

|해석| 마케팅 보조직을 위한 많은 지원서들을 조심스럽게 검토하고 나서 우리는 너를 인터뷰에 초대하게 되어 기쁘다.

|해설| after가 이끄는 부사절 축약형으로 볼 경우, reviewing은 준동사이므로 준동사를 꾸며주는 부사자리. after는 전치사 기능도 가진다. 전명구로 볼 경우 전치사 뒤에 명사가 아닌 명사구가 나온 구조. reviewing은 동명사가 된다. 동명사도 역시 준동사이므로 부사의 수식을 받는다. 어떻게 보든 빈칸은 준동사를 수식하는 부사자리.

29. Both companies intend (to set up a joint venture for aircraft equipment repair).

　　　　　　　S　　　V　　　　　　　　　　O (준동사구-명)

|해석| 두 회사는 비행기 설비 수리를 위한 합작회사를 설립하는 것을 작정하고 있다 ⇒ 설립할 작정이다.

|해설| 빈칸 뒤에 to부정사가 있으므로 to부정사를 목적어로 취하는 동사를 골라야 하는 문제. intend를 제외한 보기에 다른 동사들은 to부정사를 목적어로 취하지 않는다. 앞서 정리한 동사들은 외워두고 가자!

30.(If you are still under warranty), you can get a repair service (at one of our authorized dealers.)

　　　　부사절　　　　　　　　　　S　　V　　　　O　　　　　　　전명구

|해석| 만약 당신의 보증기간이 남아있다면, 공인된 대리점 한곳에서 수리 서비스를 받을 수 있습니다.

|해설| [소유격 _____ n.] 소유격은 관사와 같은 위치. '관형명'이므로 빈칸은 형용사자리. 의미상 관계를 따저보면 "대리점을 승인하다" 'O-V'관계이므로 p.p가 정답.

31. (Due to low occupancy,) Sunny Sky Airline cancelled a flight (to Osaka on Sunday) (without

　　　　전명구　　　　　　　　　S　　　V　　O　　　　　전명구

notifying passengers in advance.)

　　　전명구 (전+명사구)

|해석| 낮은 점유율(승객수) 때문에 써니 스카이 항공사는 미리 승객에게 통보하지 않고서 일요일에 오사카행 비행기를 취소했다.

|해설| [전치사_____ n.] 빈칸에는 형용사/동명사가 구조상 모두 나올 수 있다. 해석에 의해 의미상 따져봐야 하는 난이도 높은 문제. 형용사로 볼 경우 의미상 관계를 따지면 "승객들에게 알려주다" 'O-V'관계이므로 p.p형태를 고르게 된다. 이 경우 "미리 공지된 승객 없이 취소했다"로 어색해 진다. 그러므로 동명사가 정답. "승객들에게 미리 공지하는 것 없이 ⇒ 공지하지 않고서".

32. Our website offers detailed information (for customers) (interested in personal banking.)

　　　　S　　　V　　　형용사　　　O　　　　전명구　　　　　　준동사구-형

|해석| 우리의 웹사이트는 개인적인 은행업무에 관심 있는 고객들을 위해 자세한 정보를 제공합니다

|해설| 명사 뒤므로 customers를 꾸며주는 준동사 형용사구 자리. 뒤에 빈칸이 없으므로 p.p가 정답. interest의 경우 의미상 따지면 더 혼동된다. 'be interested in s.t : ~에 흥미를 갖다, 관심 있다' 수동태 형태로 훨씬 많이 쓰이며 능동으로 쓰일 경우 "~에 흥미를 유발하다"의 의미. 의미상 관계를 따지면 "고객들의 흥미를 유발하다"가 되어 'O-V' 관계가 성립한다. 그러므로 이렇게 수동태로 잘 쓰이는 동사들은 수동태 자체로 외워두자. 타동사이므로 뒤에 목적어가 없으면 p.p.

33. World Information Network is dedicated (to providing online accommodation, transportation

　　　　　　S　　　　　　　　　be p.p　　　　　　　전명구 (전치사+명사구)

and travel information.)

|해석| 세계 정보 네트워크는 온라인에서 숙박시설, 운송수단 및 여행 정보를 제공하는 데에 전념합니다.

|해설| dedicate는 수동태로 잘 쓰이는 동사. 'be dedicated to'로 외워두면 3초짜리 문제. 타동사이므로 목적어가 없으면 p.p가 정답.

34. (To be qualified for this position), it is desirable (to learn the specialized skills) (required of
　　　　　　　　준동사구―부　　　　　　　　가주어 V　　C　　　　　　진주어(준동사구―명)　　　　　　준동사구―형
a highway construction personnel).

|해석| 이 자리에 자격을 갖추기 위해서 고속도로 건설 지원들에게 요구되는 전문기술을 배우는 것이 바람직하다.

|해설| [관사___n.] 빈칸은 형용사 자리. 의미상 관계를 따지면 "기술을 전문으로 한다" 'O―V'관계이므로 p.p가 정답.

35. We are delighted (that you signed up for the charity event for children in need).
　　　S　　V　　C　　　　　명사절(감정형용사 뒤에는 to부정사 외에도 명사절이 잘 나오면 역시 감정을 느낀 이유로 해석한다)

|해석| 우리는 당신이 불쌍한 아이들을 위한 자선행사를 위해 등록해서 매우 기쁘다.

|해설| delight는 감정동사. 감정동사와 관련된 문제가 출제되면 형용사 보다는 분사 우선으로 접근한다. 명사는 사람/사물 둘 중의 하나이므로 ing/p.p 둘 중 하나가 반드시 정답이 된다. 보어자리에 나온 형용사는 주어를 수식. 주어가 사람(we)이므로 p.p가 정답.

36. Walters Inc., a water supply company (serving an area on the border of Hampshire and
　　　　S　　　　　　　동격의 명사　　　　　　　　　　준동사구―형
Wiltshire), announced yesterday (that it had sold its western branch.)
　　　　　　　　　V　　　　　　　　　　O(명사절)

|해석| Hampshire와 Wiltshire이 접하고 있는 지역에 서비스하는 물 공급 회사인 Walters는 서부 지점을 매각했다는 것을 어제 발표했습니다.

|해설| [n. ___ n.] 빈칸은 ing. company를 꾸며주는 형용사구로써 빈칸 뒤에 목적어(area)가 있으므로 ing가 정답.

37. The local government has recognized Midwest Corporation (for its impressive contributions
　　　　　　　　　　S　　　　　　V　　　　　　　O　　　　　　　　　전명구
to the community.)

|해석| 지역 정부는 지역사회에 인상적인 공헌을 한 것에 대해 Midwest 회사를 표상했다.

|해설| [소유격___n.] 빈칸은 형용사 자리. (B) impressed가 정답이 되려면 p.p형태의 형용사이므로 수식 받는 명사(contributions)와 의미상 'O―V'관계가 성립해야 한다. "기여를 감동시키다(X)" 의미상 관계가 성립하지 않으므로 오답. impressed는 항상 사람을 수식하는 형용사로 정리해 두자. "사람을 감동시키다(O)". 반면에 impressive는 항상 사물을 수식하는 형용사.

38. (During the summer season,) Miami Beach is too crowded (with tourists and others) (enjoying
　　　　　　　전명구　　　　　　　　　　S　　V　　C　　　　전명구　　　　　　준동사구―형
the area and its attractions.)

|해석| 여름기간 동안에 Miami 해변은 이곳의 관광명소와 이 지역을 즐기는 관광객들과 다른 사람들로 매우 붐빕니다.

|해설| crowed는 형용사로 굳어진 분사. 외워두면 3초짜리 문제. 의미상 관계를 따지면 "해변을 붐비게 만들다" 'O―V'관계이므로 p.p가 정답.

39. Changes (to car seat law) (designed to keep kids safer) will be made next year.
　　　　S　　　전명구　　　　　준동사구―형　　　　　　be p.p

|해석| 아이들을 더 안전하게 만들기 위해 고안된 카시트 법안에 변경사항들이 내년에 이루어 질 것입니다

|해설| design은 항상 수동태로 쓰일 때 to부정사를 수반하는 동사. 'be designed to do : ~하기 위해 만들어진다'. 묶어서 알아두면 쉽게 접근할 수 있다.

40. Chin Medic is a leading **distributor** (of medical supplies and equipment both domestically and
　　　　　　S　　V　　　　　　C　　　　　　　전명구
Internationally).

|해석| Chin Medic은 국내와 해외 모두에서 의료 용품과 장비의 선두 유통업체입니다.

|해설| [관사＿＿＿n.] 빈칸은 형용사자리. leading을 형용사로써 외워뒀으면 3초짜리 문제.

접속사

[접속사 Practice]

1. Conference participants (who stay in the Parago hotel) can go to the conference center by bus.
[형용사절]

|해석| 파라고 호텔에 체류하는 회의 참석자들은 버스로 회의장에 갈 수 있다.

**2. (When my card was stolen on May 15th), I notified your customer service department of the
theft.** [부사절]

|해석| 내 카드가 5월 15일에 도난 당했을 때 나는 당신의 고객지원부서에 도난 건을 공지했다.

3. Mr. Wyatt has assured us (that the factory will be operational by June 9th). [명사절]

|해석| 와야트씨는 우리에게 공장이 6월 9일까지는 가동될 것이라고 안심시켜 주었다.

4. (Because the order was placed) (after the sale has ended), no discount will be given.
[부사절,부사절]

|해석| 주문이 세일이 끝나고 나서 들어왔기 때문에 할인은 제공되지 않을 것이다.

**5. The environmental commission concluded (that there is a need for immediate funding to repair
the dam).** [명사절]

|해석| 환경위원회는 댐을 수리하기 위한 즉각적인 기금조성의 필요가 있다고 결론내렸다.

**6. Safety precautions must be taken by all laboratory employees (who deal with chemicals) (that
are potentially harmful).** [형용사절, 형용사절]

|해석| 잠정적으로 유해할 수 있는 화학물질을 다루는 모든 연구실 직원들에 의해 안전예방책이 지켜져야 한다.

7. The mechanics became more efficient (as they began using the new technology). [부사절]

|해석| 기술자들은 그들이 새로운 기술을 사용하기 시작했을 때 더 효율적 이어졌다.

　❷ 부사절은 주절보다 앞에 나올 수도 있지만 주절 뒤에 나올 수도 있다.

8. Passengers are advised to find out (where trains will stop). [명사절]

|해석| 승객들은 기차가 어디에서 정차하는 지를 알아볼 것이 권고되어 진다.

9. For a small charge, the post office offers a service (that confirms the delivery of a package). [형용사절]

|해석| 약간의 비용을 내면 우체국은 소포의 배송을 확인해주는 서비스를 제공해 준다.

10. Ms. Stern is an accomplished violinist (who enjoys spending her free time on music composition). [형용사절]

|해석| 스턴씨는 음악작곡에 자유시간을 쓰는 것을 즐기는 성공한 바이올린 연주자다.

11. I would like to schedule a meeting to determine (whether we can use our resources more efficiently). [명사절]

|해석| 우리가 우리 자원을 더 효율적으로 쓸 수 있는지를 판단하기 위해 나는 미팅을 잡고 싶다.

12. (Since there were mechanical problems with the truck) (that he rented), Mr. Benoit would like to have his money refunded. [부사절, 형용사절]

|해석| 그가 렌트한 트럭과 관련하여 기계상의 문제가 있었기 때문에 베노이씨는 그의 돈이 환불되기를 원한다.

13. (Although Ms. Ortiz has already signed a contract), he also needs to sign an official offer of employment. [부사절]

|해석| 오티즈씨는 이미 계약서에 서명했음에도 불구하고 그는 또한 고용의 공식적인 제안서에 서명할 필요가 있다.

14. Employees must indicate (whether they will attend the picnic). [명사절]

|해석| 직원들은 그들이 야유회에 참석할지 아닐지를 표시해야 한다.

15. This book explains (what you can do to encourage your team to work at its highest performance level). [명사절]

|해석| 이 책은 당신의 팀이 가장 높은 실적수준에서 일하도록 장려하기 위해서 당신이 무엇을 할 수 있는지를 설명해 준다.

Unit5-1 등위, 상관 접속사

확인학습

1. We are looking for (experience, **experienced**) and dedicated workers.

|해설| workers 앞에 형용사가 A and B 병렬구조.
|해석| 우리는 경험이 많고 헌신적인 직원을 찾고 있습니다.

2. Sally applied for the job (**and**, when) received a call immediately.

|해설| and뒤에 앞절의 주어와 동일한 Sally가 생략된 구조. when이 부사절축약형으로 쓰였다면 'when receiving a call'이 되어야 한다. 부사절축약형에서 동사 뒤에 목적어가 있으면 능동이므로 ing 사용.

|해석| 샐리는 그 자리에 지원했고 바로 전화를 받았습니다.

3. All senior staff will be given a bonus for their diligence (as, **and**) loyalty to the company.

|해설| 전치사 for 뒤에 명사가 A and B 형태로 병렬구조.

|해석| 모든 고위 직원들은 그들의 근면성과 회사에 대한 충성도 때문에 보너스를 받을 것입니다. 'will be given a bonus'는 4형식 수동태. 4형식 수동은 "~을 받다"로 해석한다.

4. I am looking forward to joining your fundraising campaign and to (discuss, **discussing**) business issues.

|해설| looking forward 뒤에 나온 전치사 to~ing가 병렬구조로 연결된 상태. 그러므로 to뒤는 역시 ing.

|해석| 나는 당신의 기금모금 행사에 합류하는 것을 그리고 사업문제를 논의하는 것을 학수고대하고 있다.

5. We learned about word processing, using e-mail, and surfing the Internet to find information and (**make**, making) purchases.

|해설| 'to find ~ and (to) make purchases'의 병렬구조. to부정사가 병렬로 연결될 때 to는 보통 생략되고 동사원형만 남는다.

|해석| 우리는 워드프로세스를 사용하는 것과 이메일을 사용하는 것과 정보를 찾고 구매를 하기 위해 인터넷을 검색하는 것에 관해서 배웠다.

6. Fourteen people in the sales (for, **and**) service departments are considered for promotion to management positions.

|해설| 'sales and service'가 둘 다 departments를 꾸며주는 병렬구조.

|해석| 영업부서와 서비스 부서에 14명이 경영진으로의 승진을 위해 심사된다.

7. The consultant advised neither expanding the factory (or / **nor** / when) hiring more workers.

|해설| 'neither A nor B' 구문.

|해석| 컨설턴트는 공장을 확장하는 것도 더 많은 직원을 고용하는 것도 권고하지 않았다.

8. The gallery is holding a major exhibition of both new (or / but / **and**) familiar works of Warhol.

|해설| 'both A and B' 구문.

|해석| 갤러리는 워홀의 새로운 작품과 친근한 작품 모두의 대대적인 전시를 열고 있다.

9. AMP Corporation will (both / neither / **either** / not only) merge or form a strategic partnership with Royal Co.

|해설| 'either A or B' 구문.

|해석| AMP사는 로얄사와 합병을 하거나 아니면 전략적 제휴관계를 맺을 것이다.

10. (Either / **Neither**) president nor his secretary will be able to attend the Monday meeting.

|해설| 'neither A nor B' 구문.

|해석| 사장도 그의 비서도 월요일 미팅에 참석하지 못할 것이다.

11. Participants were told to arrive by noon, (**yet** / so) most of them were late.

|해설| yet은 but과 똑 같은 의미와 기능을 가지는 등위 접속사.

|해석| 참석자들은 정오까지 도착할 것을 지시 받았다. 그러나 그들 중 대부분이 늦었다.

12. You may mail (so / **or**) fax your resume to Mr. Blunt.

|해설| mail or fax의 병렬구조.

|해석| 당신은 블런트씨에게 이력서를 메일로 보내거나 팩스로 보낼 수 있다.

13. It is difficult for employees both to work and (studying / **to study**).

|해설| 'both A and B'에서 A와 B는 병렬구조. 앞에서 to work이 나왔으므로 to study가 정답.

|해석| 직원들이 일도 하고 공부도 하는 것은 어렵다.

14. He will attend the information session (**as well as** / but) the training session.

|해설| 'A as well as B' 구문.

|해석| 그는 교육뿐만 아니라 설명회도 참석할 것이다.

15. You should place an order on (**or** / when / either) before the 5th of the month.

|해설| 'on or before + 날짜'는 묶어서 외워두자. "당일이나 그 전에"

|해석| 당신은 그 달 5일날이나 아니면 그 전에 주문을 해야 합니다.

[뼈대바르기 연습 Review]

1. In December, all employees will meet (with their supervisors) (to review their progress and set
　　　　　　　　S　　　　V　　　　　　전명구　　　　　　　준동사구-부1　　and

goals for the next year).
준동사구-부2

|해석| 12월에 모든 직원들은 그들의 진척상황을 검토하고 내년도를 위한 목표를 설정하기 위해서 그들의 상관과 만날 것이다.

|해설| 'meet with s.b : ~와 만나서 협의하다' meet 동사는 자동사로 잘 쓰임

2. Approximately half (of the assistant's work) **involves administrative tasks** (such as answering
　　　　　　　　S　　　　　전명구　　　　　　V　　　　　　O　　　　　　준동사구-명사구1

phone and preparing financial reports.)
　　and　　　준동사구-명사구2

|해석| 조수의 작업의 대략 절반은 재정보고서 준비나 질문 답변 전화와 같은 행정 업무를 포함한다.

3. I will still come here and visit you often.
　S　　　　V1　　and　V2　O

|해석| 나는 여기에 여전히 올 것이고 종종 너를 방문 할 것이다.

4. Stop (by any IKE Home Furnishings retail location) **and save** 30 **percent** (on hundreds of selected
　V1　　　　　　　　　　O　　　　　　　　and　V2　　O　　　　전명구

items).

|해석| IKE 홈 퍼니싱 소매점에 방문하셔서서 수백 개의 선별된 물품에 대해 30퍼센트를 세이브 하세요.

5. **We** are **expanding** (into a corporate-travel sector) **and** **seeking** **consultants** (to support our clients)
   S   V1   전명구   and   V2   O   준동사구–형
(in Dublin).
      전명구

|해석| 우리는 기업대상 여행 분야로 확장을 하고 있고 더블린에 있는 우리의 고객들을 지원할 상담사도 찾고 있다.

6. **All** (of our services) have **been made available** (to you) (in **Portuguese**, **Spanish**, **and** **English**).
   S   전명구   be p.p   C   전명구   전명구 A,   B,   and   C

|해석| 모든 우리의 서비스는 포루투갈어, 스페인어, 영어로 여러분에게 제공되어 왔습니다.

7. (When he takes a new position on June 1,) **he** will **lead** the **account**, **finance**, **and** **investor-relation**
              부사절   S   V1   명사1,   명사2, and   명사3
divisions and report (to the board of directors.)
   O   and V2   전명구–부

|해석| 그가 6월1일에 새로운 자리를 맡을 때, 회계, 재무, IR 부서를 이끌고, 이사회에 보고를 할 것이다.
|해설| 'account division, finance division, and investor–relation division'에서 division이 공통이므로 앞에서 생략된 형태.

8. **KML Airlines announced** (that all flights in **and** out of Singapore were cancelled due to inclement
      S   V   전치사1 and 전치사2   명사절 – O
weather.)

|해석| KML 항공사는 싱가폴행 혹은 싱가폴발 모든 비행기가 악천후로 인해 취소 되었다고 발표 했다.
|해설| 'in Singapore and out of Singapore'에서 Singapore이 공통이라 앞에서 생략된 구조.

9. Our **program is developed** (to help mid-level managers) (to **perform** their duties) **and** **be prepared**
     S   be p.p   준동사구–부   help의 OC1   and   OC2
(in their careers)(as top-level executives and leaders.)
    전명구   전명구

|해석| 우리 프로그램은 중간급 관라지들이 그들의 의무를 수행하고 그들의 경력에서 최고 임원급으로써, 그리고 리더로써 준비되도록 돕기 위해서 개발된다.

10. (By **appealing** to the audience's interest **and** **providing** logical foundation), **you** can **give** more
   전명구   동명사1   and   동명사2   S   V1
persuasive **presentations** and **achieve** the intended **result**.
          O   and   V2   O

|해석| 고객의 관심에 호소함으로써, 그리고 논리적인 기반을 제공함으로써, 너는 더욱 설득력 있는 발표를 할 수 있고 의도된 결과를 달성할 수 있다.

11. Please **take** a **ticket** **and** **proceed** (to the service counter) (after your number has been called.)
          V1   O   and   V2   전명구   부사절

|해석| 티켓을 가지고 서비스 카운터에 가세요. 너의 번호가 불려지고 나서.

12. Please <u>review</u> these policy <u>changes</u>, <u>sign</u> (in the space) (provided below), |and| then <u>return</u>
             V1   O   V2   전명구   준동사구–형   and   V3

this <u>form</u> (to your supervisor).
  O   전명구

|해석| 정책 변경사항들을 검토하시고, 아래에 제공된 공간에 서명하시고, 그리고 나서 이 양식을 상관에게 돌려보내세요.

13. Our security <u>program monitors</u> (**how** |and| **where** your credit card is being used) (in order to
                S   V   접속사1 and 접속사2   O (명사절)   준동사구–부사구

detect abnormal patterns).

|해석| 우리 보안 프로그램은 비정상적인 패턴을 적발하기 위해서, 당신의 신용카드가 어떻게 그리고 어디서 사용되고 있는 지를 모니터링 합니다.

14. <u>We delegate responsibilities</u> (to local management teams) (to <u>define</u> |and| <u>meet</u> specific goals).
   S   V   O   전명구   준동사구–부   동사1 and 동사2

|해석| 우리는 구체적인 목표를 정하고 충족시키기 위해서 업무를 현지 경영팀에게 위임할 것입니다.

15. The <u>gallery is holding</u> a major <u>exhibition</u> (of **both** <u>new</u> |and| <u>familiar</u> works of Warhol).
        S   V   O   both A and   B   전명구

|해석| 그 갤러리는 워홀의 새로운 작품과 친근한 작품 둘 다의 대대적인 전시를 개최하고 있다.

16. <u>AMP Corporation</u> will either <u>merge</u> |or| <u>form</u> a strategic <u>partnership</u> (with Royal Co).
         S   either   V1   or V2   O   전명구

|해석| AMP사는 로얄사와 합병을 하거나 아니면 전략적 제휴관계를 맺을 것이다.

17. Neither <u>president</u> |nor| <u>his secretary</u> will <u>be able to</u> <u>attend</u> the Monday <u>meeting</u>.
   neither   S1   nor   S2   조동사 대용   V   O

|해석| 사장님도 그의 비서도 월요일 미팅에 참석할 수 없을 것이다.

18. <u>It is difficult</u> (for employees) |both| <u>to work</u> |and| <u>to study</u>.
 가주어 V   C   의미상의 주어   both   진주어1 and 진주어2

|해석| 직원들이 일도 하고 공부도 하는 것은 어렵다.

19. <u>He</u> will <u>attend</u> the information <u>session</u> |as well as| the training <u>session</u>.
   S   V   O1   as well as   O2

|해석| 그는 교육뿐만 아니라 설명회도 참석할 것이다.

20. <u>You</u> should <u>place</u> an <u>order</u> (**on** |or| **before** the 5th of the month).
   S   V   O 전치사1 or 전치사2   + n.

|해석| 당신은 이번 달 5일이나 5일 전에 주문을 해야 한다.

1. (That she passed the exam) is good news.

　　　　　　S (명사절)　　　　　　V　　C

|해석| 그녀가 시험에 통과했다는 것은 좋은 소식입니다.

2. I know (that you are busy.)

　S　V　　　　O (명사절)

|해석| 나는 네가 바쁘다는 것을 안다.

3. The reason is (that he is busy.)

　　　　S　　V　　C (명사절)

|해석| 그녀가 바쁘다는 것이 그 이유다.

4. I have doubt (as to whether they will succeed).

　S　V　　O　　　　　　　전명구(전치사+명사절)

|해석| 그들이 성공할지 말지에 관하여 나는 의구심을 가지고 있다.

|해설| 'as to' 합쳐서 하나의 전치사. "~에 관하여"

5. I know (how busy you are.)

　S　V　　　　　명사절─O

|해석| 나는 네가 얼마나 바쁜지 알고 있다.

6. I know (what color you like.)

　S　V　　　　O (명사절)

|해석| 나는 네가 어떤 색을 좋아하는지 알고 있다.

7. I know (how to do it).

　S　V　　O (명사절 축약형)

|해석| 나는 그것을 어떻게 해야 하는지 알고 있다.

8. I know (what to do).

　S　V　　O (명사절 축약형)

|해석| 나는 무엇을 해야 하는지 알고 있다.

확인학습

1. I didn't understand (**what** / that) he wanted from me.

|해설| 'he wanted'뒤에 목적어가 빠진 불완전한 절이므로 what이 정답.

|해석| 나는 그가 나로부터 무엇을 원하는지를 이해할 수 없다.

2. She can't decide (if / **whether**) to marry him.

|해설| 뒤에는 to부정사가 나온 명사절 축약형이므로 if는 나올 수 없다.

|해석| 그녀는 그와 결혼을 할지 말지를 결정할 수가 없다.

3. (**That** / what) the meeting was scheduled for Saturday is disappointing.

|해설| 'the meeting was scheduled for Saturday'는 완전한 절이므로 that이 정답.

|해석| 미팅이 토요일로 잡혔다는 것은 실망스럽다.

4. We will find out soon (**whether** / who) the new business is profitable.

|해설| 'the new business is profitable'은 완전한 절이므로 whether가 정답.

|해석| 신규사업이 수익이 날지 말지를 우리는 곧 알게 될 것이다.

5. We would like to know (why / **when**) the test results will be ready.

|해설| why/when은 모두 완전절을 수반. 해석에 의존해야 하는 문제.

|해석| 우리는 테스트 결과가 언제 준비될지를 알고 싶습니다.

6. He asked her (that / if / **what**) kind of music she likes .

|해설| kind of music은 likes의 목적어인데 접속사의 수식을 받기 위해 앞으로 끌려 나온 형태. 명사를 꾸며주는 접속사인 what이 정답.

|해석| 그는 그녀가 무슨 종류의 음악을 좋아하는 지를 그녀에게 물어봤다.

7. You will learn (what / who / **how**) to use our product.

|해설| 명사절 축약형으로써 to use 뒤에 목적어가 있으므로 완전절. how가 정답.

|해석| 당신은 우리 제품을 어떻게 사용하는 지를 배울 것이다.

8. Please let me know (**how** / when / what) long it takes to finish the report.

|해설| long은 원래 takes 뒤에 나와야 하는데 접속사의 수식을 받기 위해 앞으로 끌려 나온 형태. 형용사/부사를 수식하는 접속사는 how.

|해석| 그 보고서를 끝내는 것이 얼마나 오래 걸리는지를 나에게 알려주세요.

9. The CEO has to make a decision about (**whether** / if) he will approve the project.

|해설| 전치사 뒤에 if/that은 나올 수 없다.

|해석| 대표이사는 그가 프로젝트를 승인할지 말지에 대한 결정을 해야 한다.

10. I am wondering (when / **where**) you will travel this summer.

|해설| 뒤에 시간부사(this summer)가 있기 때문에 시간부사를 대신하는 **when**은 정답이 될 수 없다. 영어에서 하나의 절에는 하나의 시간부사만 쓰일 수 있다.

|해석| 나는 당신이 이번 여름에 어디를 여행할 것인지를 궁금해하고 있다 ⇒ 어디를 여행할 지가 궁금하다.

11. I have not decided (**which** / how) candidate I will interview.

|해설| candidate은 interview의 목적어인데 접속사의 수식을 받기 위해 앞으로 끌려 나온 형태. 명사를 꾸며주는 접속사는 which/what 2가지. 여기서 which에 대한 내용은 다음 강의에서 다시 다룬다.

|해석| 내가 어떤 후보를 인터뷰할 것인지를 나는 결정하지 못했다.

12. He has not yet decided whether (**to go** / going) on a vacation this summer.

|해설| whether의 명사절 축약형이므로 to부정사가 정답.

|해석| 그는 이번 여름에 휴가를 갈지 말지를 결정하지 못했다.

13. Clients understand (**that** / who) they should contact the service department.

|해설| 'they should contact the service department'는 완전절이므로 that이 정답.

|해석| 고객들은 서비스팀에 연락해야 한다는 것을 이해하고 있다.

14. The organizers have not decided (who / what / **where**) they will hold the next annual meeting.

|해설| 'they will hold the next annual meeting'은 완전절이므로 where만 정답.

|해석| 준비하는 담당자들은 다음 연례미팅을 어디에서 개최할 것인지를 결정하지 못했다.

15. The conference organizer wants to know (**who** / when / which) will attend the conference.

|해설| 'will attend the conference'는 주어가 빠진 불완전절이므로 who가 정답.

|해석| 회의 준비 담당자는 누가 회의에 참석할 것인지를 알고 싶어 한다.

16. I ask that you let us know (if / **whether** / what) or not you will come tomorrow.

|해설| or not이 있으므로 whether가 정답. if가 나올 때는 or not이 앞으로 끌려나올 수 없다.

|해석| 당신이 내일 올지 안 올지를 우리에게 알려줄 것을 나는 요청드립니다.

17. (After / Since / **That**) he has been promoted is proof of his outstanding ability.

|해설| '____ he has been promoted'는 is(동사) 앞에 나왔으므로 주어역할. 그러므로 명사절 접속사인 that이 정답.

|해석| 그가 승진되었다는 것은 그의 뛰어난 능력을 보여주는 증거다.

18. Ms. Chang must decide (**whether** / neither) or not to submit the proposal.

|해설| 뒤에 to부정사가 나온 명사절 축약형으로 중간에 or not이 삽입된 형태.

|해석| 장씨는 제안서를 제출할지 말지를 결정해야 한다.

[뼈대바르기 연습 Review]

1. I didn't understand (what he wanted from me).
　　S　　　　V　　　　　　　O(명사절)

|해석| 나는 그가 나로부터 무엇을 원했는지를 이해하지 못했다.

2. She can't decide (whether to marry him).
　　S　　　V　　　　O(명사절 축약형)

|해석| 그녀는 그와 결혼을 할지 말지를 결정할 수가 없다.

3. (That the meeting was scheduled for Saturday) is disappointing.
　　　　　　　　S(명사절)　　　　　　　　　　V　　　C

|해석| 미팅이 토요일로 잡혔다는 것은 실망스럽다

4. We will find out soon (whether the new business is profitable).
　　S　　V　　　　　　　　　　　　O(명사절)

|해석| 우리는 신규사업이 수익을 낼지 말지를 곧 알게 될 것이다.

5. We would like (to know (when the test results will be ready)).
　　S　　V　　O(준동사구─명)　　　know의 목적어(명사절)

|해석| 우리는 시험 결과가 언제 준비될 지 알고 싶다.

6. He asked her (what kind of music she likes).
　　S　　V　　O　　　　　O(명사절)

|해석| 그는 그녀에게 무슨 종류의 음악을 좋아하는 지를 물어봤다

7. You will learn (how to use our product).
　　S　　　V　　　　O(명사절 축약형)

|해석| 당신은 우리 제품을 어떻게 사용하는 지를 배울 것이다.

8. Please let me know (how long it takes to finish the report).
　　　　　V　O　OC　　　　　know의 목적어(명사절)

|해석| 보고서를 끝내는 것이 얼마나 오래 걸리는지를 저에게 알려주세요.

9. The CEO has to make a decision (about whether he will approve the project).
　　　　S　　　　V　　　O　　　전명구(전치사+명사절)

|해석| CEO는 그가 프로젝트를 승인할 것인지 아닌지에 대한 결정을 내려야 한다.

10. **I am wondering** (where you will travel this summer).

       S   V   O(명사절)

|해석| 나는 네가 이번 여름에 어디를 여행하는지가 궁금하다.

11. **I** has not **decided** (which candidate I will interview).

       S   V   O(명사절)

|해석| 나는 어떤 후보를 인터뷰할지 결정하지 못했다.

12. **He** has not yet **decided** (whether to go on a vacation this summer).

      S   V   O(명사절 축약형)

|해석| 그는 이번 여름에 휴가를 갈지 말지를 아직 결정하지 못했다.

13. **Clients understand** (that they should contact the service department).

      S   V   O(명사절)

|해석| 고객들은 서비스 부서에 연락해야 한다는 것을 알고 있다.

14. **The organizers** have not **decided** (where they will hold the next annual meeting).

       S   V   O(명사절)

|해석| 준비 담당자들은 다음 연례미팅을 어디서 열지를 아직 결정하지 못했다.

15. **The conference organizer wants** (to know (who will attend the conference)).

                S   V   O(명사구)   know의 목적어(명사절)

|해석| 회의 조직위는 누가 회의에 참석할 것인지를 알고 싶어한다.

16. **I ask** (that you let us know (whether or not you will come tomorrow)).

     S V   O(명사절)   know의 목적어(명사절)

|해석| 나는 당신이 내일 올지 말지를 우리에게 알려주실 것을 요청 드립니다.

17. (That he has been promoted) **is proof** (of his outstanding ability).

            S(명사절)   V C   전명구

|해석| 그가 승진되었다는 것은 그의 뛰어난 능력에 대한 증거이다.

18. **Ms. Chang** must **decide** (whether or not to submit the proposal to the South American bureau).

      S   V   O(명사절 축약형)

|해석| 장씨는 남미 사무국에 제안서를 제출 할지 말지를 결정해야 한다.

19. A representative (of DeLain Technology) will help you determine (which options to order) (to
    S   전명구   V   O   OC determine의 목적어(명사절) 준동사구–부
meet your needs).

|해석| 드레인 테크놀로지사의 대표는 당신의 니즈를 충족시키기 위해서 당신이 어떤 옵션을 주문할지를 결정하도록 도와줄 것이다.
|해설| 'which options to order'의 구체적인 구조는 다음강의에서 배운다.

20. Visitors are invited (to tour the Landswold Glassware factory) (to see (how our products are
    S   be p.p   OC(준동사구–기타구)   준동사구–부 see의 목적어(명사절)
made)).

|해석| 방문객들은 어떻게 우리 제품이 만들어지는지를 보기 위해 랜즈월드 글래스웨어 공장을 견학하도록 초대되는 바입니다.

21. The employee handbook explains (what new employees need to know regarding company
                  S   V   O(명사절)
benefits).

|해석| 직원 요강서는 신입사원들이 회사 수당과 관련해서 무엇을 알아야 하는지를 설명해준다.

22. Thursday and Friday are best for me, but I don't know (what anyone else's schedule is like).
         S   V C   but S   V   O(명사절)

|해석| 목요일과 금요일이 저에게는 제일 좋습니다만 다른 사람들의 일정이 어떨지는 모르겠습니다.
|해설| 'what anyone else's schedule is like'에서 like뒤에 명사가 빠진 불완전한 절이므로 앞에 what이 나왔다.

23. I am trying (to determine (who will be using the shuttle)) (to make sure we will have enough
    S   V   O(준동사구–명)   determine의 목적어(명사절)   준동사구–부
seats.)

|해석| 나는 우리가 충분한 좌석을 가질 것이라는 것을 확실히 하기 위해서 누가 셔틀을 사용할 예정인지를 판단하려고 하고 있습니다.
|해설| 'to make sure (that) we will have enough seats' make sure 뒤에서 명사절 접속사 that이 생략된 구조.

[기본 문장 영작연습]

1. 그녀가 시험에 합격했다는 것은 좋은 소식이다.
영작] **That she passed the exam is good news.**

2. 나는 네가 바쁘다는 것을 안다.
영작] **I know (that) you are busy.**

3. 그 이유는 그가 바쁘다는 것 입니다.
영작] **The reason is that he is busy.**

4. 그들이 이길지 질지는 별로 중요하지 않다.
영작] **Whether they win or lose doesn't really matter.**

5. 나는 그들이 성공할지 아닌지에 관해서 의구심을 가지고 있다.

영작] I have doubt as to whether they will succeed.

6. 나는 내가 어떻게 그것을 해야 하는지를 안다.

영작] I know how I should do it.

7. 나는 네가 얼마나 바쁜지 안다.

영작] I know how busy you are.

8. 나는 내가 무엇을 해야 하는지를 안다.

영작] I know what I should do.

9. 나는 누가 오는 지를 안다.

영작] I know who is coming.

10. 나는 네가 무슨 색깔을 좋아하는 지 안다.

영작] I know what(which) color you like.

11. 나는 내가 무엇을 해야 하는지를 안다. / 나는 내가 어떻게 그것을 해야 하는 지를 안다. (명사절 축약형)

영작] I know what to do. / I know how to do it

[뼈대바르기 연습 Preview]

1. (As soon as he got the phone call), he went home.

　　　　　　　부사절　　　　　　　　　S　　V

|해석| 그는 전화를 받자 마자, 집에 갔다.

2. (Once you learn the basic rules), it's easy (to play).

　　　　　　　부사절　　　　　　　가주어 V　C　　진주어

|해석| 일단 네가 기본 규칙을 배우고 나면, 게임하는 것은 쉽다.

3. (Now that the factory was expanded), we will hire more workers.

　　　　　　　부사절　　　　　　　　　S　　V　　　　O

|해석| 공장이 확장되었기 때문에, 우리는 더 많은 직원들을 고용할 것이다.

4. I'm going early (so that I can get a good seat).

　S　V　　　부사　　　　부사절

|해석| 나는 좋은 자리를 차지하기 위해서 일찍 갈 것이다.

5. (Although the two models have different features), they look identical.

부사절   S   V   C

|해석| 두 기종은 다른 기능을 가지고 있음에도 불구하고, 똑같아 보인다.

Unit5-3 부사절

확인학습

1. (**Unless** / Except / Nevertheless / Despite) we work harder, we won't meet the deadline.

|해설| [_____ S+V, S+V.] 구조이므로 빈칸은 부사절 접속사 자리. 유일한 접속사인 unless가 정답.

|해석| 우리가 더 열심히 일하지 않는다면, 우리는 마감시한을 맞추지 못할 것이다.

2. (**As** / Because of / Except) the board meeting will begin promptly at 4:00, all executives are required to arrive at 3:30.

|해설| [_____ S+V, S+V.] 구조이므로 빈칸은 부사절 접속사 자리. 유일한 접속사인 as가 정답.

|해석| 이사회 회의가 4시 정각에 시작할 것이기 때문에 모든 임원들은 3시반에 도착할 것이 요구된다.

3. Please use the online order form (once / **so that** / although / however) the order can be processed more quickly.

|해설| [S+V _____ S+V] 빈칸은 접속사 자리. however는 부사이므로 탈락. 나머지 접속사 중에 의미상으로 접근.

|해석| 주문이 더 빨리 처리될 수 있도록 하기 위해서 인터넷 주문서를 사용하세요.

4. If not frequently (check / checks / checking / **checked**), the copy machine tends to be broken easily.

|해설| If 뒤에 'S+be'가 생략된 부사절 축약형. 준동사 자리로 ing/p.p 중 태를 따져서 결정. 뒤에 목적어가 없으므로 p.p가 정답.

|해석| 만약 빈번하게 점검되지 않는다면 복사기는 쉽게 고장 나는 경향이 있다.

5. Mr. Burton left an emergency contact number (when / **in case** / in order that) the manager needs to talk to him.

|해설| [S+V _____ S+V] 빈칸은 접속사 자리. 보기는 모두 접속사이므로 의미상 접근.

|해석| 버튼씨는 매니저가 그에게 얘기할 필요가 있을 때를 대비해서 비상 연락번호를 남겼다.

6. When (mails / **mailing** / mailed / mail) the payment, be sure to use the envelope provided.

|해설| 부사절 축약형이므로 준동사 자리. 뒤에 목적어(payment)가 있으므로 ing가 정답.

|해석| 대금을 우편발송 할 때 제공된 봉투를 사용하는 것을 확인하세요.

7. (Because / Since / **Because of** / Even) her interest in political science, Ms. Epstein is seeking an administrative position in the local government.

|해설| [_____ n. 전+n., S+V+O] 빈칸은 전치사 자리. 유일한 전치사인 because of가 정답.

|해석| 정치학에 대한 그녀의 관심 때문에 엡스타인씨는 지방정부에서 행정직을 찾고 있습니다.

8. Customers can use checks (besides / in case of / **as long as**) they show valid identification.

|해설| [S+V _____ S+V] 빈칸은 접속사 자리. 유일한 접속사인 as long as가 정답.

|해석| 고객들은 유효한 신분증을 보여주는 한 수표를 사용할 수 있습니다.

9. In the movie, Linda played the main role so convincingly (as / such / **that** / when) everyone in the theater was impressed.

|해설| 앞에 so가 있으므로 짝꿍인 that이 정답.
|해석| 영화에서 린다는 너무 설득력 있게 주연역할을 수행했다. 그래서 영화관에 있는 모든 사람들이 감동했다.

10. The existing system was fairly complicated, (during / however / despite / **whereas**) the newly introduced system is really very simple.

|해설| [S+V ____ S+V] 빈칸은 접속사 자리. 유일한 접속사인 whereas가 정답.
|해석| 새로 도입된 시스템이 정말 너무 단순한 반면에 기존의 시스템은 매우 복잡합니다.

11. (**While** / Even though / Because of) traveling in Mexico, I met one of my business associates, Tim Howard.

|해설| [____ ing~, S+V] 빈칸에는 전치사와 접속사가 모두 올 수 있다. 그러므로 의미상 접근.
|해석| 멕시코에서 여행하는 동안에 나는 직장동료 중 하나인 팀 하워드를 만났다.

12. (**Despite** / Although) all the efforts, they were not able to increase profits this year.

|해설| [____ n., S+V] 빈칸은 전치사 자리.
|해석| 모든 노력에도 불구하고 그들은 올해 수익을 올릴 수가 없었다.

13. The children were (very / **so** / such) excited that they couldn't sleep.

|해설| 뒤에 that절이 나왔으므로 짝꿍인 so가 정답. 뒤에 형용사/부사로 끝나면 so, 뒤에 명사로 끝나면 such가 정답.
|해석| 어린아이들이 너무 흥분했다. 그래서 그들은 잠을 잘 수가 없었다.

14. The food was wonderful, but it was (**so** / such) expensive.

|해설| 뒤에 형용사로 끝났으므로 so가 정답.
|해석| 음식은 훌륭했지만 음식이 너무 비쌌다.

15. She told us (so / **such**) funny jokes that everyone laughed.

|해설| 뒤에 명사(jokes)로 끝났으므로 형용사가 있어도 such가 정답.
|해석| 그녀는 우리에게 너무 재미있는 농담을 얘기해주었다. 그래서 모두가 웃었다.

16. (During / **Although** / Before / Despite) he is young, Mr. Artson is one of the candidates for the manager position.

|해설| [____ S+V, S+V.] 구조이므로 빈칸은 부사절 접속사 자리. 접속사 although, before 중에서 의미상 접근.
|해석| 그는 어림에도 불구하고 아트슨은 매니저 자리를 위한 후보중의 하나 입니다.

17. He violated the rule; (but / **however** / therefore), the management decided not to fire him.

|해설| 세미콜론 뒤므로 접속부사자리. however, therefore 중에서 의미상 접근.
|해석| 그는 규칙을 어겼다. 그러나 경영진은 그를 해고하지 않기로 결정했다.

[뼈대바르기 연습 Review]

1. (Unless we work harder), we won't meet the deadline.
           부사절   S   V   O

|해석| 우리는 열심히 일하지 않는다면, 마감시한을 맞출 수 없을 것이다.

2. (As the board meeting will begin promptly at 4:00), all executives are required (to arrive at 3:30).
           부사절   S   be p.p   OC(준동사구-기타구)

|해석| 이사회 회의가 4시 정각에 시작할 것이기 때문에, 모든 임원들은 3시반에 도착하도록 요구된다.

3. Please use the online order form (so that the order can be processed more quickly).
       V   O   부사절

|해석| 주문이 빨리 처리될 수 있도록 하기 위해서 인터넷 주문서를 사용하세요.

4. (If not frequently checked), the copy machine tends (to be broken easily).
      부사절 축약형   S   V   O (준동사구-명)

|해석| 자주 점검되지 않으면, 복사기는 쉽게 고장 나는 경향이 있다.

5. Mr. Burton left an emergency contact number (in case the manager needs to talk to him).
    S   V   O   부사절

|해석| 버튼씨는 비상 연락처를 남겼다. 부장이 그와 얘기할 필요가 있을 때를 대비해서.

6. (When mailing the payment), be sure (to use the envelope provided).
      부사절 축약형   V C   준동사구-명

|해석| 대금을 발송할 때, 제공된 봉투를 사용하는 것을 확실히 하세요 ⇒ 꼭 그 봉투를 사용하세요.

|해설| 'be sure to do~ / be sure that~ : ~하는 것을 확실히 하다'. sure는 매우 특이한 형용사로, 마치 동사와 같이 사용된다. sure 뒤에는 마치 동사의 목적어처럼 to부정사구나 명사절이 나오며 "~를"로 해석한다. 묶어서 외워두자.

7. (Because of her interest in political science), Ms. Epstein is seeking an administrative position
           전명구   S   V   O
in the local government.

|해석| 정치학에 대한 그녀의 관심 때문에, 엡스타인은 지방정부에서 행정직을 찾고 있는 중이다.

8. Customers can use checks (as long as they show valid identification).
     S   V   O   부사절

|해석| 고객들은 유효한 신분증을 보여주는 한 수표를 사용할 수 있다.

9. (In the movie), Linda played the main role so convincingly that everyone in the theater was

　　　전명구　　　　　　S　　　V　　　　　　　O

impressed.

|해석| 영화에서 린다는 주연역할을 너무 설득력 있게 했다. 그래서 영화관에 모든 사람들이 감동받았다.

10. The existing system was fairly complicated, (whereas the newly introduced system is really

　　　　　　　　　S　　　V　　　　　C　　　　　　　　　부사절

very simple).

|해석| 기존 시스템은 너무 복잡했다. 새로 도입된 시스템은 정말 단순한 반면에.

11. (While traveling in Mexico), I met one (of my business associates), Tim Howard.

　　　　부사절 축약형　　　　　　S　V　O　　　　전명구　　　　　　동격의 명사

|해석| 멕시코를 여행하는 동안에, 나는 회사 동료 중 하나인 팀 하워드를 만났다.

12. (Despite all the efforts), they were not able to increase profits this year.

　　　　전명구　　　　　　S　　조동사대용　　　V　　　O

|해석| 모든 노력에도 불구하고, 그들은 올해 수익을 올릴 수 없었다.

13. The children were so excited that they couldn't sleep.

　　　　　　S　　　V　　　　C

|해석| 그 아이들은 너무 신이 났다. 그래서 그들은 잠을 잘 수 없었다.

14. She told us such funny jokes that everyone laughed.

　　S　V　O　　　　　　O

|해석| 그녀는 우리에게 너무 웃긴 농담을 얘기해줬다. 그래서 모든 사람이 웃었다.

15. He violated the rule; however, the management decided (not to fire him).

　　S　　V　　O　　　접속부사　　　S　　　　V　　　O (준동사구—명)

|해석| 그는 규칙을 위반했다. 그러나 경영진은 그를 해고하지 않기로 결정했다.

16. (Although he is young), Mr. Artson is one of the candidates (for the manager position).

　　　　부사절　　　　　　S　　V C　　　　　　　　전명구

|해석| 그는 어림에도 불구하고, 아트슨은 매니저 자리를 위한 후보 중의 한 명이다.

17. Visitors should carry their visitor pass at all times, (while in our manufacturing facilities).

　　S　　　　V　　　　　　O　　　　　　　　부사절 축약형

|해석| 방문객들은 항상 방문객 통행증을 가지고 다녀야 한다. 우리 공장시설에 있는 동안에.

18. Please be sure (to include your order number) (so that we can process it promptly and
　　　　　 V　C　　　　　　　　준동사구-명　　　　　　　　　　　　　　　부사절

efficiently).

|해석| 꼭 주문번호를 포함시키세요. 우리가 주문을 신속하고 효율적으로 처리할 수 있도록 하기 위해서.

|해설| 'be sure to do~ / be sure that~ : ~하는 것을 확실히 하다'. sure는 매우 특이한 형용사로, 마치 동사와 같이 사용된다. sure 뒤에는 마치 동사의 목적어처럼 to부정사구나 명사절이 나오며 "~를"로 해석한다. 묶어서 외워두자.

19. (When the seminar finishes), the participants will be able to discuss the issue (with each other).
　　　　　 부사절　　　　　　　　　　　　　 S　　　　 조동사대용　　 V　　 O　　　 전명구

|해석| 세미나가 끝날 때, 참석자들은 그 이슈를 서로서로 논의할 수 있을 것이다.

20. (Even though Adrian Copy Machine is easy to operate and reasonably priced), it needs (to be
　　　　　　　　　　　　　　　　　 부사절　　　　　　　　　　　　　　　　　　　 S　　 V

maintained regularly).
　 O(준동사구-명)

|해석| 아드리안 카피 머신이 작동하기 쉽고, 합리적으로 가격이 매겨져 있음에도 불구하고, 그 기계는 정기적으로 유지보수 되어야 한다.

21. (Since we do not have much space), we would like (to place the bookshelf on top of the desk).
　　　　　　　　 부사절　　　　　　　　　　 S　　 V　　　　　　 O (준동사구-명)

|해석| 우리는 많은 공간을 가지고 있지 않기 때문에, 책장을 책상 위에 놓고 싶다.

22. Nixnox Enterprise still remains the leader (in the US) (even though its sales dropped
　　　　 S　　　　　 V　　 C　　 전명구　　　　　　 부사절

considerably this year).

|해석| 닉슨 엔터프라이즈는 미국에서 여전히 선두기업이다. 매출이 올해 상당히 떨어졌음에도 불구하고.

23. The stock price (of Meridian Inc.) rose almost six percent, (once speculation (about a merger with
　　　　　 S　　　　　　　　　　 V　　　　　　　　 부사절　　 S

Stefan Enterprise), a leading company (in the field), appeared (in a financial journal)).
　　 전명구　　　　　 동격의 명사　　　 전명구　　　 V　　　 전명구

|해석| 메리디안사의 주가가 거의 6프로 올랐다. 일단 그 분야에 선두기업인 스테판 엔터프라이즈 사와의 합병에 대한 소문, 추측이 금융잡지에 등장하고 나서.

24. A travel agent is unlikely to make any final decisions (before consulting with customers).
　　　 S　 조동사대용　　 V　　　 O　　　　 부사절 축약형 or 전명구 (전치사+명사구)

|해석| 여행사 직원은 고객과 협의하기 전에 최종 결정을 내릴 가능성이 높지 않다.

[기본 문장 영작연습]

1. 시간접속사
~때 **when** / ~한 후에 **after** / ~하기 전에 **before** / ~할 때까지 **until** / ~한 이래로 **since** / ~하는 동안 **while** / ~하자마자 **as soon as**

2. 조건 접속사 : 만약 ~라면 **if** / 만약 ~하지 않으면 **unless** / ~를 대비해서 **in case** / ~하는 한 **as long as = as far as** / 만약 ~라면 **provided** / 일단 ~나면 **once** / ~을 고려해보면 **given that** / ~하는 경우에만 **only if**

3. 이유 접속사 : ~하기 때문에 (3개) / ~하니까 이제는
접속사] **because, since, as** / **now that**

4. 목적 / 결과 : ~하기 위해서 (2개) / 너무 ~하다. 그래서 1) 형용사/부사 앞 2) 명사앞
접속사] **so that, in order that** / **so ~ that, such ~ that**

5. 양보 접속사 : ~임에도 불구하고 **although, though** / 설사 ~일 지라도 **even if** / ~인 반면에 (2개) **while, whereas** / ~임에도 불구하고 **while** / A건 B건 상관없이 **whether A or B**, ~건 아니건 상관없이 **whether ~ or not**

6. 전치사 : 동안에 **during** / 불구하고 (2개) **despite, in spite of** / 때문에 (4개) **because of, due to, thanks to, owing to** / 제외하고 (2개) **except, except for**

7. 접속부사 : 그러나 **however** / 그러므로 **therefore, thus** / 그럼에도 불구하고 **nevertheless** / 더욱이, 게다가 (3개) **moreover, furthermore, besides** / 그렇지 않다면 **otherwise** / 그리고 나서 **then** / 한편 **meanwhile**

[뼈대바르기 연습 Preview]

1. I read a book (that is interesting).

    S   V   O   형용사절

|해석| 나는 재미있는 책을 읽었다

2. I read a book (that you recommended).

    S   V   O   형용사절

|해석| 나는 네가 추천해 준 책을 읽었다.

3. I met a girl (whose hair was black).

    S   V   O   형용사절

|해석| 나는 여자를 만났고, 그 여자의 머리가 까맸다 ⇒ 나는 머리가 까만 여자를 만났다.

4. This is a house (which I live in).

    S   V   C   형용사절

|해석| 이것은 내가 사는 집이다.

5. This is a house (in which I live).

    S   V   C   형용사절

|해석| 이것은 집이고, 그 집안에 내가 산다 ⇒ 이것은 내가 사는 집이다.

6. This is a house (where I live).

    S   V   C   형용사절

|해석| 이것은 집이고, 그 곳에서 내가 산다 ⇒ 이것은 내가 사는 집이다.

Unit5-4 관계대명사 I

확인학습

1. Good Hands is an organization (which / **whose**) mission is to help poor children in Asia.

|해설| [n._____ 완전절] organization/mission이 의미상 "조직의 임무" 소유격의 관계이므로 whose가 정답.

|해석| 굳핸즈는 조직이며, 이 조직의 임무는 아시아의 가난한 아이들을 도와주는 것입니다 ⇒ 굳핸즈는 아시아의 가난한 아이들을 도와주는 임무를 가지고 있는 조직입니다.

2. The store is owned by a carpenter (**who** / which / what) makes beautiful wood furniture.

|해설| [n. _____ 주어가 빠진 불완전절] 빈칸은 주격관계대명사 자리. 선행사(carpenter)가 사람이므로 who가 정답. what은 명사 뒤에서는 절대로 골라오지 말자!

|해석| 그 가게는 아름다운 목재가구를 만드는 목수에 의해 소유된다 ⇒ 목수가 소유한 가게다.

3. The college has a variety of courses for (**which** / that) I hope to register.

|해설| 전치사 뒤에 that은 나올 수 없다.

|해석| 그 대학은 다양한 강좌를 가지고 있으며 이 강좌들에 나는 등록하기를 희망한다 ⇒ 내가 등록하고 싶은 다양한 강좌를 가지고 있다.

4. The strike was planned by the employees, (**who** / which) believe that they do not have appropriate pension programs.

|해설| [n. _____ 주어가 빠진 불완전절] 빈칸은 주격관계대명사 자리. 선행사(employees)가 사람이므로 who가 정답.

|해석| 파업은 직원들에 의해 계획되었으며 직원들은 적절한 연금혜택을 가지고 있지 못하다고 믿고 있다.

5. New York is a city (**which** / where) has enormous cultural variety.

|해설| [n. _____ 주어가 빠진 불완전절] 빈칸은 주격관계대명사 자리. where는 관계부사로써 완전절을 수반한다.

|해석| 뉴욕은 엄청난 문화적 다양성을 가지고 있는 도시다.

6. My boss will return from Japan, (**where** / which / what / that) he received a master's degree from a university.

|해설| [n. _____ 완전절] 빈칸은 'whose, 전+관/대, 관계부사' 중 하나가 들어 올 자리.

|해석| 나의 상사는 일본에서 돌아올 것인데, 일본에서 그는 한 대학으로부터 석사학위를 받았다.

7. We are planning to have a big family reunion on (**which** / whom / that / what) my father spent plenty of money.

|해설| 전치사 뒤에 that은 올 수 없고, 뒤에 완전절이 왔으므로 what도 나올 수 없다. 선행사가 사물(reunion)이므로 which가 정답.

|해석| 우리는 큰 가족모임을 가질 계획인데 그 모임에 우리 아버지는 많은 돈을 썼다.

8. Waterproofs are essential during the monsoon season (which / **when** / where) rainfall is heavy.

|해설| [n. _____ 완전절] 빈칸은 'whose, 전+관/대, 관계부사' 중 하나가 들어 올 자리. 선행사(season)가 시간명사 이므로 when이 정답.
|해석| 방수는 몬순기간 동안에는 필수인데 그 기간에 비가 많이 온다.

9. Writers (**whose** / who) work is admired internationally usually write about universal subjects.

|해설| [n. _____ 완전절] writers/work는 의미상 "작가들의 작품" 소유격의 관계이므로 whose가 정답.
|해석| 작가의 작품이 국제적으로 존경을 받는 그런 작가들은 보통 보편적인 주제에 대해 글을 쓴다 ⇒ 국제적으로 존경 받는 작품을 가지고 있는 작가들은 보통 보편적인 주제에 대해 글을 쓴다.

10. The company is producing a new tire (who / **which**) is extremely durable.

|해설| [n. _____ 주어가 빠진 불완전절] 빈칸은 주격관계대명사 자리. 선행사(tire)가 사물이므로 which가 정답.
|해석| 그 회사는 매우 내구성이 높은 새로운 타이어를 생산하고 있다.

11. Randy Hayes' book (**which** / it / who) studies international banking is a bestseller.

|해설| [n. _____ 주어가 빠진 불완전절] 빈칸은 주격관계대명사 자리. 선행사(book)가 사물이므로 which가 정답.
|해석| 해외 뱅킹을 조사한 랜디 헤이즈의 책은 베스트셀러다.

12. Warehouse workers stocked the items (these / **that** / whose) are popular in stores.

|해설| [n. _____ 주어가 빠진 불완전절] 빈칸은 주격관계대명사 자리.
|해석| 창고직원들은 가게에서 인기 있는 물품들을 창고에 채웠다.

13. This organization is hiring a PR man (whom / **whose**) responsibilities will include fundraising.

|해설| [n. _____ 완전절] PR man/responsibilities는 의미상 "홍보맨의 업무" 소유격의 관계이므로 whose가 정답.
|해석| 그 조직은 홍보맨을 고용하고 있는데, 홍보맨의 업무는 기금조성을 포함할 것이다 ⇒ 그 조직은 기금조성을 포함한 업무를 가지는 홍보맨을 고용하고 있다.

14. He recommends this web site for anyone (**who** / when / which) is thinking about buying a car.

|해설| [n. _____ 주어가 빠진 불완전절] 빈칸은 주격관계대명사 자리. 선행사(anyone)가 사람이므로 who가 정답.
|해석| 그는 차를 사는 것에 대해 생각하고 있는 어떤 사람들에게건 이 웹사이트를 추천했다.

15. The magazine (which / **to which**) he contributed last month sold very well.

|해설| [n. _____ 완전절] 빈칸은 'whose, 전+관/대, 관계부사' 중 하나가 들어 올 자리.
|해석| 그 잡지에 그가 지난달에 기고했는데 그 잡지는 매우 잘 팔렸다 ⇒ 그가 지난달에 기고한 잡지는 매우 잘 팔렸다.

16. The real estate agent finally found out the house (**for which** / to which / which) he was looking.

|해설| [n. _____ 완전절] 빈칸은 'whose, 전+관/대, 관계부사' 중 하나가 들어 올 자리. 그 중에서 for which나 to which냐를 판단해야 한다. 전치사와 선행사를 뒤로 보내보면 'he was looking _____ (the house)' look과 짝꿍인 for가 정답.
|해석| 부동산 중개사는 마침내 집을 찾았는데 그 집을 그가 찾고 있는 중이었다 ⇒ 부동산 중개사는 그가 찾고 있었던 집을 마침내 찾았다.

1. Good Hands is an organization (whose mission is to help poor children in Asia).

　　　　　　S　　　V　　　　C　　　　　　　　　　형용사절–소유격

|해석| 굿핸즈는 조직이며, 이 조직의 임무는 아시아의 가난한 아이들을 도와주는 것입니다 ⇒ 굿핸즈는 아시아의 가난한 아이들을 도와주는 임무를 가지고 있는 조직입니다.

2. The store is owned (by a carpenter) (who makes beautiful wood furniture).

　　S　　be p.p　　　전명구　　　　　　　　형용사절–주격

|해석| 그 가게는 아름다운 목재가구를 만드는 목수에 의해 소유된다 ⇒ 목수가 소유한 가게다.

3. The college has a variety of courses (for which I hope to register).

　　S　　　V　　　　　O　　　　　　　형용사절 – 전+관/대

|해석| 그 대학은 다양한 강좌를 가지고 있으며 이 강좌들에 나는 등록하기를 희망한다 ⇒ 내가 등록하고 싶은 다양한 강좌를 가지고 있다

|두 문장으로 분리| **The college has a variety of courses / I hope to register for the courses**

4. The strike was planned (by the employees), (who believe that they do not have appropriate

　　S　　be p.p　　　전명구　　　　　　　　형용사절–주격

pension programs).

|해석| 파업은 직원들에 의해 계획되었으며 직원들은 적절한 연금혜택을 가지고 있지 못하다고 믿고 있다.

5. New York is a city (which has enormous cultural variety).

　　S　　V　C　　　　　형용사절–주격

|해석| 뉴욕은 엄청난 문화적 다양성을 가지고 있는 도시다.

6. My boss will return from Japan, (where he received a master's degree from a university).

　　S　　　V　　　　　　　　　　　형용사절–관계부사

|해석| 나의 상사는 일본에서 돌아올 것인데, 일본에서 그는 한 대학으로부터 석사학위를 받았다.

7. We are planning (to have a big family reunion) (on which my father spent plenty of money).

　　S　　V　　　　O (준동사구–명)　　　　　형용사절 – 전+관/대

|해석| 우리는 큰 가족모임을 가질 계획인데 그 모임에 우리 아버지는 많은 돈을 썼다.

|두 문장으로 분리| **we are planning to have a big family reunion / my father spent plenty of money on the family reunion.**

8. Waterproofs are essential (during the monsoon season) (when rainfall is heavy).

　　　S　　　V　　C　　　　　전명구　　　　　　형용사절–관계부사

|해석| 방수는 몬순기간 동안에는 필수인데 그 기간에 비가 많이 온다

9. Writers (whose work is admired internationally) usually **write** (about universal subjects).

S　　　　　　　형용사절–소유격　　　　　　　　　　V　　　　전명구

|해석| 작가의 작품이 국제적으로 존경을 받는 그런 작가들은 보통 보편적인 주제에 대해 글을 쓴다 ⇒ 국제적으로 존경 받는 작품을 가지고 있는 작가들은 보통 보편적인 주제에 대해 글을 쓴다.

|두 문장으로 분리| Writers usually write about universal subjects / writers' work is admired internationally.

---

10. The company is producing a new **tire** (which is extremely durable).

S　　　V　　　O　　　　형용사절–주격

|해석| 그 회사는 매우 내구성이 높은 새로운 타이어를 생산하고 있다.

---

11. Randy Hayes' book (which studies international banking) **is** a **bestseller**.

S　　　　　　　형용사절–주격　　　　　　V　　C

|해석| 해외 뱅킹을 조사한 랜디 헤이즈의 책은 베스트셀러다.

|두 문장으로 분리| Randy Hayes' book is a bestseller / the book studies international banking.

---

12. Warehouse workers stocked the **items** (that are popular in stores).

S　　　V　　　O　　　형용사절–주격

|해석| 창고직원들은 가게에서 인기 있는 물품들을 창고에 채웠다.

---

13. This organization is hiring a PR **man** (whose responsibilities will include fundraising).

S　　　V　　　O　　　　형용사절–소유격

|해석| 이 조직은 홍보맨을 고용하고 있는데, 홍보맨의 업무는 기금조성을 포함할 것이다 ⇒ 이 조직은 기금조성을 포함한 업무를 가지는 홍보맨을 고용하고 있다.

---

14. He recommends this **web site** (for anyone) (who is thinking about buying a car).

S　　V　　　O　　　전명구　　　형용사절–주격

|해석| 그는 차를 살 생각을 하는 어떤사람을 위해서건 이 웹사이트를 추천한다.

---

15. The magazine (to which he contributed last month) **sold** very well.

S　　　　　형용사절–전+관/대　　　　V

|해석| 그 잡지에 그가 지난달에 기고했는데 그 잡지는 매우 잘 팔렸다 ⇒ 그가 지난달에 기고한 잡지는 매우 잘 팔렸다.

|두 문장으로 분리| The magazine sold very well / he contributed to the magazine last month

---

16. The real estate agent finally **found** out the **house** (for which he was looking).

S　　　V　　　O　　　형용사절–전+관/대

|해석| 부동산 중개인은 마침에 집을 찾았는데, 그 집을 그는 찾고 있었다 ⇒ 부동산 중개인은 그가 찾던 집을 마침내 발견했다.

|두 문장으로 분리| The real estate agent finally found out the house / he was looking for the house.

17. **(If a return is made by the end of the second day following the date) (on which materials are due),**
　　　　　　　　　　　　　　　　　　부사절　　　　　　　　　　　　　　　　　　　　　　　　　형용사절–전+관/대

no fine will be imposed.
　　S　　　　　be p.p

|해석| 만약 반품이 그 날짜 이튿날까지 이루어지면, 그 날짜에 물건이 배송기한인데, 그러면 벌금은 부과되지 않은 것이다 ⇒ 만약 반품이 물건의 기한이 되는 날의 다음 다음날 까지 이루어진다면 벌금은 부과되지 않을 것이다.

|두 문장으로 분리| **If a return is made by the end of the second day following the date / materials are due on the date.**

18. **The smoothness (with which negotiations had proceeded) surprised him.**
　　　　　　　S　　　　　　　　　형용사절–전+관/대　　　　　　　　　　　V　　O

|해석| 순조로움. 그 순조로움과 함께 협상이 진행됐는데, 그 순조로움이 그를 놀라게 했다 ⇒ 협상이 진행된 순조로움이 그를 놀라게 했다.

|두 문장으로 분리| **The smoothness surprised him / negotiations had proceeded with smoothness**

|해설| with smoothness = smoothly "순조롭게"

19. **I watched the opera (during which I fell asleep).**
　　S　V　　　O　　　　　형용사절–전+관/대

|해석| 나는 오페라를 봤고, 그 오페라 동안에 잠들었다.

|두 문장으로 분리| **I watched the opera / I fell asleep during the opera**

20. **His new car, (for which he paid £15,000), has already had to be repaired.**
　　　　　　　S　　　　　　형용사절–전+관/대　　　　　　　　　　　be p.p

|해석| 그의 새차를 위해서 그는 만오천 파운드를 지불했는데, 그 차는 이미 수리되어야 하는 상태였다.

|두 문장으로 분리| **His new car has already had to be repaired / he paid £15,000 for the car**

|해설| 'has had to be repaired'에서 has had to는 'have to do~ : ~해야만 한다'의 현재완료형. have had to do~에서 주어가 3인칭 단수라서 has had to do~가 된다.

21. **He was respected (by the people) (with whom he worked).**
　　S　　be p.p　　　　전명구　　　　　형용사절–전+관/대

|해석| 그는 사람들에 의해 존경을 받았는데 그 사람들과 함께 그가 일했다 ⇒ 그는 함께 일한 사람들에 의해 존경을 받았다.

|두 문장으로 분리| **He was respected by the people / he worked with the people**

22. **There are times (when I wonder (why I do this job)).**
　　　　　V　S　　　형용사절–관계부사 명사절–wonder의 목적어

|해석| 시간이 있다. 그 시간에 나는 내가 왜 이 일을 하는지 궁금하다 ⇒ 내가 왜 이 일을 하고 있는지가 궁금해지는 때가 있다 ⇒ 이해가 안가는 때가 있다.

23. New York City last year drew 10 percent fewer international tourists, a drop of 573,000

     S   V   O   동격의 명사

people, (which the mayor attributed to poor overseas economies).

                형용사절-목적격

|해석| 뉴욕은 작년에 10퍼센트가 더 적은 해외 관광객을 유치했으며, 오십칠만 삼천명이 하락한 것이다. 시장님은 이 하락세를 열악한 해외 경제의 탓으로 돌렸다.

|두 문장으로 분리| New York City last year drew 10 percent fewer international tourists, a drop of 573,000 people / the mayor attributed the drop to poor overseas economies

|해설| 'attribute A to B : A를 B의 탓으로 돌리다'에서 attribute 뒤에 목적어가 빠져있는 목적격 관계대명사절.

24. (When we consider the money and the effort) (that we spent renovating the auditorium), the

                    부사절   형용사절-목적격

effect (that the building has on the students) is not impressive.

   S   형용사절-목적격   V   C

|해석| 우리가 강당을 수리하는데 쓴 돈과 노력을 고려해볼 때, 그 건물이 학생들에게 미치는 영향은 대단하지 않다.

|두 문장으로 분리| When we consider the money and the effort / we spent the money and the effort renovating the auditorium [spend money (in) ing~ : 보통 in 이 생략된다 "~하는데 돈을 쓰다"]

|두 문장으로 분리| the effect is not impressive / the building has effect on the students [have effect on n. : "~에 영향을 미치다"]

25. There are many materials (that we need) (to build a house).

        V   S   형용사절-목적격   준동사구-부

|해석| 집을 짓기 위해 우리가 필요로 하는 많은 자재들이 있다.

|두 문장으로 분리| There are many materials / we need the materials to build a house

26. The sales man (to whom I spoke) was not (in the office).

           S   형용사절-전+관/대   V   전명구

|해석| 영업사원. 그 영업사원에게 내가 얘기했는데, 그는 사무실에 없었다 ⇒ 내가 얘기 나눴던 그 영업사원은 사무실에 없었다.

|두 문장으로 분리| The sales man was not in the office / I spoke to the sales man

27. Centracorp has four open technical-support positions (that we hope to fill) (by the end of the

       S   V   O   형용사절-목적격   전명구

month).

|해석| 센트라콥사는 네 개의 기술지원 직 공석을 가지고 있는데, 우리는 그 자리를 이번 달 말까지 채우고 싶다 ⇒ 센트라콥사는 우리가 이번 달 말까지 뽑기를 원하는 네 개의 기술지원 직 공석을 가지고 있다.

|두 문장으로 분리| Centracorp has four open technical-support positions / we hope to fill the positions by the end of the month

28. **I invite each** of you (to contribute money toward a gift) (that our department present) (to Sylvia)
　　S　　V　　O　　　　　　　　OC(준동사구-기타구)　　　　　　　　　형용사절-목적격　　　　전명구

(in appreciation for her hard work over the years)
　　　　　　　전명구

|해석| 나는 여러분 각각이 선물을 위해 돈을 기부하도록 초대하는 바입니다. 우리 부서가 그 선물을 실비아에게 그녀의 수년간의 노고에 대한 감사의 뜻으로 전달합니다 ⇒ 우리가 실비아에게 그녀의 수년간의 노고에 대한 감사의 뜻으로 전달하는 선물을 위해 여러분 각각이 돈을 기부해 주도록 초대하는 바입니다.

|두 문장으로 분리| **I invite each of you to contribute money toward a gift / our department present the gift to Sylvia in appreciation for her hard work over the years.**

29. **(When conducting a search for new employees), employers prefer (to interview candidates)**
　　　　부사절 축약형　　　　　　　　　　　　　　　S　　V　　　O(준동사구-명)

(whose resumes are well-written and clearly organized).
　　　　형용사절-소유격

|해석| 신입사원을 찾는 일을 시행할 때, 고용주들은 후보를 인터뷰하는 것을 선호한다. 그 후보의 이력서가 잘 쓰여져 있고, 명확하게 정리 되어 있다 ⇒ 신입사원을 채용할 때, 고용주들은 잘 쓰여져 있고, 명확하게 정리되어있는 이력서를 가지고 있는 후보를 인터뷰하는 것을 선호한다.

30. **I am writing (to apply for the sales jobs at Scottish Food) (that you advertised in last Sunday's**
　　S　　V　　　　준동사구-부　　　　　　　　　　형용사절-목적격

Aberdeen)

|해석| 나는 당신이 지난 선데이즈 에버딘 신문에 광고한 스코티시 푸드사의 영업직에 지원하기 위해서 편지를 쓰는 바입니다.

|두 문장으로 분리| **I am writing to apply for the sales jobs at Scottish Food / you advertised the sales jobs in last Sunday's Aberdeen.**

[기본 문장 영작연습]

1. 나는 재미있는 책을 읽었다
해석] **I read a book that was interesting.**

2. 나는 네가 추천한 책을 읽었다.
해석] **I read a book that you recommended.**

3. 이것은 내가 사는 집이다. (목적격)
해석] **This is a house which I live in.**

4. 나는 네가 나에게 제공해준 책을 읽었다.
해석] **I read a book that you provided me with.**

5. 나는 머리가 까만 여자를 만났다. (whose)
해석] **I met a girl whose hair was black.**

6. 이것은 내가 사는 집이다. (전+관계대명사)

해석] **This is a house in which I live.**

7. 이것은 내가 사는 집이다. (관계부사)

해석] **This is a house where I live.**

[뼈대바르기 연습 Preview]

1. There are students (who study English). / There are students (studying English).
  　V　S　　　　　형용사절-주격　　　　　　V　　S　　　　형용사구

|해석| 영어를 공부하는 학생들이 있다. / 영어를 공부하는 학생들이 있다. (해석은 동일)

2. This is the man (I love).
  　S　V　　C　　　형용사절-목적격 (목적격 관계대명사는 생략가능)

|해석| 이 사람이 내가 사랑하는 남자다.

3. There are students in my class (who study hard).
  　　V　　S　　　　　　　형용사절-주격

|해석| 우리 반에 공부를 열심히 하는 학생들이 있다.

4. I got a perfect score, (which surprised everyone).
  　S　V　　O　　　　　　형용사절-주격

|해석| 나는 만점을 받았고, 그것은 모든 사람들을 놀라게 했다.

5. I sent (what I wrote).
  　S　V　　O(명사절)

|해석| 나는 내가 작성한 것을 보냈다.

6. I know (what you like). / I know (that you like it). / I know the color (that you like).
  　S　V　　O (명사절)　　　S　V　　　O (명사절)　　　S　V　　O　　　형용사절-목적격

|해석| 나는 네가 좋아하는 것을 안다. / 나는 네가 그것을 좋아한다는 것을 안다. / 나는 네가 좋아하는 색깔을 안다.

Unit5-4 관계대명사 II

확인학습

1. Please explain (**what** / that) you are talking about.

|해설| [동사 ___ 불완전절] 동사의 목적어 역할을 하는 명사절 접속사 자리. about뒤에 명사가 빠진 불완전한 절이므로 what이 정답.
|해석| 당신이 얘기하는 것을 설명해주세요.

2. There are two managers in our department (**who** / which) are responsible for product sales.

|해설| [n. ___ 주어가 빠진 불완전절] 주격관계대명사 자리. 그런데 뒤에 are가 나왔으므로 선행사는 복수명사. managers가 선행사이므로 who가 정답.
|해석| 제품판매를 담당하는 두 명의 매니저가 우리 부서에 있습니다.

3. We will have to repair the ceiling, (**which** / that) will cost a lot of money.

|해설| [n. ___ 주어가 빠진 불완전절] 앞에 콤마가 있으므로 that은 탈락.
|해석| 우리는 천장을 수리해야할 것이다. 그것은 많은 돈을 소요시킬 것이다. (선행사는 앞에 절 전체)

4. Any agreement (**that** / what) is signed by Ms. Carey needs to be reviewed again.

|해설| [n. ___ 주어가 빠진 불완전절] 주격관계대명사 that이 정답. what은 명사 뒤에서 절대로 골라오지 말자!
|해석| 캐리씨에 의해 서명된 어떤 계약서도 다시 검토될 필요가 있다.

5. Compware, (that / **which** / where) has been a world leader in vaccine software, plans to expand into the game industry.

|해설| [n. ___ 주어가 빠진 불완전절] 콤마 뒤므로 that은 탈락.
|해석| 백신 소프트웨어의 세계적인 선두주자인 콤프웨어사는 게임업계로 확장할 계획이다.

6. The consultant (who travel / **traveling**) a lot is entitled to fly business class.

|해설| 'who travel'은 수일치 때문에 탈락. 선행사(consultant)가 단수명사이므로 travel에 's'가 붙어야 한다.
|해석| 많은 여행을 하는 컨설턴트는 비즈니스 클래스를 타고 비행할 권한을 가진다.

7. Student tickets, (**which** / that) are free, can be picked up at the ticket office.

|해설| [n. ___ 주어가 빠진 불완전절] 콤마가 있으므로 that은 탈락.
|해석| 무료인 학생 티켓들은 매표소에서 받아가실 수 있습니다.

8. It appears he has made up his mind about (that / **what**) he wants to do.

|해설| [전치사 ___ 불완전절] 전치사 뒤므로 that은 탈락. 전치사 뒤에 what이 이끄는 명사절이 나온 구조. '전치사+명사절 = 전명구'.
|해석| 그는 무엇을 하기를 원하는지에 대해서 마음을 먹은 것으로 보인다.
|해석| 'It appears (that) ~'의 구조. 명사절 접속사 that이 생략. 'It'은 가주어 that절이 진주어. "~인 것으로 보인다".

9. Many people who (interviewed / **were interviewed**) will meet the CEO tomorrow.

|해설| 관계대명사 뒤에는 반드시 본동사가 와야 한다. 본동사에서 수동태가 되려면 반드시 be동사가 있어야 한다. 'be p.p'. 주어가 빠진 주격관계대명사절.
|해석| 인터뷰 받은 많은 사람들이 내일 대표이사를 만날 것입니다.

10. Our department manager will produce reports (**that** / what) evaluate the employees' performances.

|해설| [n. ___ 주어가 빠진 불완전절] 명사 뒤에서 what은 절대로 골라오지 말자!

|해석| 우리 부서장은 직원들의 실적을 평가하는 보고서를 만들 것이다.

11. The head office must hire someone (**who** / which / what) can upgrade its accounting software.

|해설| [n. ___ 주어가 빠진 불완전절] 선행사가 someone(사람)이므로 who가 정답.

|해석| 본사는 회계 소프트웨어를 업그레이드할 수 있는 사람을 고용해야 합니다.

12. The manager will send (**what** / that) the employees want from him.

|해설| [동사 ___ 불완전절] 명사절 접속사 what이 정답. that 뒤에 불완전한 절이 오려면 앞에 선행사가 있어야 한다.

|해석| 매니저는 직원들이 그로부터 원하는 것을 보내줄 것이다.

13. The company will move into a new office building, (that / **which**) Atlanta Builders constructed.

|해설| [n. ___ 목적어가 빠진 불완전절] 콤마 뒤므로 that은 탈락.

|해석| 그 업체는 새로운 사무실건물로 이사할 것인데, 그 건물을 아틀란타 빌더스사가 건축했다.

> 😊 **콤마 뒤에 관계대명사절**
>
> **There are students, who study hard.** 학생들이 있는데 그들은 공부를 열심히 한다.
>
> 관계대명사 앞에 콤마가 있는 경우를 '계속적 용법'이라고 한다. 이 경우는 관계대명사절이 의미상 아주 중요진 않고, 다만 앞에 선행사에 대해 부연설명을 해주는 역할이다. 그러므로 이 경우는 앞에 절을 먼저 해석해주고, 콤마 뒤에 관계대명사절은 부가적인 내용이므로 뒤에 붙여 해석해준다.
>
> **There are students who study hard.** 공부를 열심히 하는 학생들이 있다.

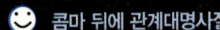

[뼈대바르기 연습 Review]

1. There are two managers (in our department) (who are responsible for product sales).
            V   S   전명구   형용사절

|해석| 우리 부서에는 제품 판매를 담당하는 두 명의 매니저가 있습니다.

2. We will have to repair the ceiling, (which will cost a lot of money).
   S   V   O   형용사절

|해석| 우리는 천장을 수리해야 할 것이고, 이것은 많은 돈이 들 것입니다.

3. The airplane (you'll be boarding) has been delayed (in New York) (due to bad weather).
       S   형용사절   be p.p   전명구   전명구

|해석| 당신이 탑승할 비행기는 뉴욕에서 악천후 때문에 지연되었습니다.

4. It was a question (a small child could have answered).

   S V   C   형용사절

|해석| 이것은 어린아이도 대답할 수 있는 질문입니다.

5. Student tickets, (which are free), can be picked up (at the ticket office).

            S   형용사절   be p.p   전명구

|해석| 학생표는 공짜인데, 매표소에서 받아갈 수 있습니다.

6. It appears (that he has made up his mind (about what he wants to do)).

가주어   V   진주어 S   V   O   전명구(전치사+명사절)

|해석| 그는 그가 무엇을 하길 원하는 지에 대해서 이미 마음을 먹은 것으로 보인다.

7. Allsurance is one (of the biggest insurance companies in the world), (which is made up of many

       S   V C   전명구   형용사절

local branches nationwide).

|해석| 얼슈어란스사는 세계에서 가장 큰 보험회사 중의 하나고, 이 회사는 전국적으로 많은 현지 지점들로 구성되어 있다.

8. Several people will be stopping tomorrow (to pick up the flowers) (they purchased).

       S   V   준동사구-부   형용사절

|해석| 그들이 구매한 꽃을 찾아가기 위해서 몇 명이 내일 들를 것이다.

9. The only jacket (I packed) isn't warm enough.

            S   형용사절   V   C   부사

|해석| 내가 싸 놓은 유일한 자켓이 충분히 따뜻하지가 않다.

10. (What I can do) is (to schedule a visit) (to your clinic) (to show you (how it works)).

      S (명사절)   V   C(준동사구-명)   전명구   준동사구-부   show의 목적어(명사절-4형식)

|해석| 내가 할 수 있는 것은 너에게 그것이 어떻게 작동하는 지를 보여주기 위해서 너의 병원에 방문할 일정을 잡는 것이다.

11. You will each meet the managers (you'll be working with).

    S   V   O   형용사절

|해석| 여러분은 여러분들이 함께 일할 매니저들을 각각 만날 것이다.

12. (By talking with us), they might get some ideas (about what they want for their own building).

   전명구(전치사+명사구)   S   V   O   전명구(전치사+명사절)

|해석| 우리와 얘기함으로써 그들은 그들의 건물을 위해 그들이 원하는 것에 대해서 아이디어를 얻을 수 있을지도 모른다.

13. **I got** an error **message** (I've never seen before). **It's** actually **happening** (with all of the
 　　S　V　　　　O　　　　　　　 형용사절　　　　　　　S　　　　　V　　　　　　전명구
documents) (I try to open).

|해석| 나는 내가 전에 본적이 없던 에러 메시지를 받았습니다(메시지가 떴습니다). 이 것은 사실 제가 오픈하려고 하는 모든 서류에서 나타나고 있습니다.

14. Any **agreement** (that is signed by Ms. Carey) **needs** (to be reviewed again).
 　　　　S　　　　　　　 형용사절　　　　　　　　V　　　O(준동사구-명)

|해석| 캐리에 의해 서명된 어떤 계약서도 다신 검토되는 것을 필요로 한다.

15. **I'm calling** (because the **photographs** (I took on Monday at your business) have not **been**
 　　S　V　　　　　　 부사절　　S　　　　　　　　 형용사절　　　　　　　be p.p
processed).

|해석| 제가 월요일에 당신의 업체에서 찍은 사진이 아직 처리가 되지 않고 있기 때문에 제가 전화 드리는 바입니다.

16. **He has** also **been** (an inspiration) (to the students) (who often comments on (how he makes
 　　S　V　　　　　　　C　　　　　　전명구　　　　　형용사절　　　　　　　　명사절
learning fun)).

|해석| 그가 어떻게 공부를 재미있게 만드는지에 대해 자주 언급을 하는 학생들에게 그는 또한 영감, 자극이 되어왔다.

17. **I want** (to look at lamps) (you had advertised on the newspaper today).
 　　S　V　　O(준동사구-명)　　　　　　　　　 형용사절

|해석| 나는 당신이 신문에 오늘 광고했던 램프를 보고 싶습니다.

18. **We** should **be** very **proud** (of the progress) (we've made in that time).
 　　S　　　　V　　　C　　　전명구　　　　　 형용사절

|해석| 우리가 그때 만들어온 발전에 대해 우리는 자부심을 가져야 합니다.

19. The project **coordinators** will **give us updates** (on what their groups have accomplished)
 　　　　　　　S　　　　　　V　O　O　　　　　　 전명구(전치사+명사절)

|해석| 프로젝트 매니저들은 그들 그룹들이 달성해온 것에 대해서 우리에게 최근 상황을 알려줄 것이다.

20. (If there's something) (you'd like to volunteer for), (like **giving** talks to local community groups
 　　　　부사절　　　　　　　 형용사절　　　　　 전명구(전치사+명사구1)
or **distributing** educational pamphlets at local businesses), please make sure (to add your name).
 　병렬 명사구2　　　　　　　　　　　　　　　　　　　　　　　　　V　OC　　　　　O

|해석| 만약 현지 지역단체와 얘기하는 것이나 혹은 현지 업체에서 교육 팜플렛을 배포하는 것과 같이 네가 자원하고 싶은 것이 있다면, 당신의 이름을 꼭 추가하세요.

|해설| 'make sure to do ～ : 확실히 ～ 하세요' (5형식 구조로 원래는 make it sure와 같이 가목적어(it)가 나와야 한다. to do～는 진목적어. 그런데 이 표현은 관용적으로 가목적어를 쓰지 않는 표현! 묶어서 외워두자.)

21. We welcome applications (from young people) (with strong telecommunications backgrounds)

    S   V   O   전명구   전명구

(who have worked at multinational corporations).

         형용사절

|해석| 우리는 다국적 기업에서 일해본 강력한 통신산업 경력을 가진 젊은 사람들로부터의 지원서를 환영한다.

22. I wonder (if there is a clothing shop around here) (where I can buy a new one).

    S   V   O(명사절)   형용사절

|해석| 나는 이 주변에 내가 새 옷을 살 수 있는 옷 가게가 있는지 궁금하다.

23. Ms. Kaneko and her family returned (to London) (where they currently live).

        S1   and   S2   V   전명구   형용사절

|해석| 가네코와 그녀의 가족은 그들이 현재 살고 있는 런던으로 돌아갔다.

24. You'll all find (what she says) very informative

    S   V   O(명사절)   OC → 5형식

|해석| 당신들은 모두 그녀가 말하는 것이 매우 유익하다고 생각할 것이다.

[기본 문장 영작연습]

1. 토익을 공부하는 학생들이 여기 있다. (형용사절 / 형용사구)

해석] **Students who study Toeic are here. / Students studying Toeic are here.**

2. 이분이 내가 사랑하는 남자다. (목적격 관계대명사 생략)

해석] **This is the man I love.**

3. 우리 반에는 공부를 열심히 하는 학생들이 있다.

해석] **There are students in the class who study hard.**

4. 내가 만점을 받았는데, 그것이 모두를 놀라게 했다.

해석] **I got a perfect score, which surprised everyone.**

5. 내가 쓴 것을 내가 보냈다.

해석] **I sent what I wrote**

6. 나는 네가 좋아하는 색깔을 안다 / 나는 네가 좋아하는 것을 안다 / 나는 네가 그것을 좋아한다는 것을 안다.

해석] **I know the color that you like. / I know what you like. / I know that you like it.**

[접속사 총정리]

1	D	2	C	3	C	4	A	5	A	6	A	7	B	8	D	9	B	10	D
11	D	12	A	13	C	14	C	15	D	16	C	17	D	18	A	19	C	20	C
21	A	22	C	23	A	24	B	25	A	26	B	27	C	28	B	29	D	30	B
31	A	32	A	33	A	34	D	35	B	36	B	37	C	38	B	39	D	40	B

[뼈대바르기 연습 Review]

1. **Applicants** should **provide** at least two **references** (when applying for the position of marketing
　　　　　S　　　　　　V　　　　　　　　O　　　　　　　부사절 축약형
manager).

|해석| 지원자들은 마케팅 매니저 직에 지원할 때 최소 두 개의 추천서를 제공해야 합니다.
|해설| 부사절 축약형.

2. In a hotel, the **receptionist is** the **person** (whose job is to book rooms for people and answer
　　　　　　　　　　　　　S　　V　　C　　　　　　　　　　형용사절–소유격
their questions).

|해석| 호텔에서 데스크 직원은 사람입니다. 그 사람의 일은 사람들을 위해 방을 예약해주고, 그들의 질문에 대답해주는 것입니다 ⇒ 호텔에서 데스크 직원은 사람들을 위해 방을 예약해주고 질문에 답하는 일을 가지는 사람입니다.
|해설| [n. ___ 완전절] person/job이 의미상 "그 사람의 일" 소유격으로 연결되므로 whose가 정답.

3. The **management** is **considering** (whether to upgrade computers in the office or purchase latest
　　　　　　S　　　　　　V　　　　　　　　　　　　명사절 축약형
computers).

|해석| 경영진은 사무실에 있는 컴퓨터를 업그레이드할지 아니면 최신 컴퓨터를 다시 살지 고민하고 있습니다.
|해설| whether가 이끄는 명사절축약형이 뒤에 있으므로 목적어가 존재. 그러므로 능동인 considering이 정답.

4. The internationally recognized **entrepreneur** (who founded the multinational company, MoriM
　　　　　　부사　　　　　형용사　　　　S　　　　　　　　　　형용사절–주격
Enterprise), **plans** (to retire next month).
　　　　　　　　　V　　　　O(준동사구–명)

|해석| 다국적 기업인 모리엠 엔터프라이즈를 창립한 국제적으로 인정받는 기업가가 다음 달에 은퇴할 계획입니다.
|해설| [n. ___ 주어가 빠진 불완전절] 주격관계대명사인 who가 정답.

5. (Although team members worked on the budget summary all the weekend), **it is** not **good**
　　　　　　　　　　　　　　　부사절　　　　　　　　　　　　　　　　　　S　V　　C
enough (to meet our standards).
　부사　　　　준동사구–부

|해석| 팀원들은 주말 내내 예산 요약본 작업을 했음에도 불구하고, 그 요약본은 우리 기준을 충족시키기에 충분히 훌륭하지는 않습니다.
|해설| [___ S+V, S+V] 빈칸은 부사절 접속사 자리. whether는 뒤에 or가 없으면 부사절 접속사로써 쓰일 수 없다.

6. (Once they have been delivered to you), you will become the owner (of the goods) (you ordered)
　　　　　　　 부사절　　　　　　　　　　　 S　　　 V　　　　 C1　　　 전명구　형용사절–목적격 관/대생략

and responsible (for risk of loss or damage to them).
 and　　 C2　　　　　　　 전명구

|해석| 일단 그들이 너에게 배송되고 나면, 너는 네가 주문한 물건의 소유주가 되고, 그 물건의 유실이나 손상에 대해 책임지게 될 것이다.
|해설| [____ S+V, S+V] 빈칸은 부사절 접속사 자리. 유일한 부사절 접속사인 once가 정답.

> [병렬구조분석] and (you will become) responsible for risk of loss and damage to them.

7. Some of the applicants were so highly qualified (that it took longer than usual to determine
　　 S　　　　　 applicants were　 V　　　　　 C　　　　　　　 so~that 구문

(which one to hire)).
　　 명사절축약형

|해석| 몇몇 지원자들은 매우 자격을 잘 갖추고 있었습니다. 그래서 어떤 지원자를 고용할지를 결정하는 것은 평소보다 오래 걸렸습니다.
|해설| 앞에 so가 있기 때문에 that이 정답.

> [명사절분석] it took longer than usual (to determine (which one to hire))
> 　　　　　 가주어 V　 O　　　　　 진주어(준동사구–명)　명사절축약형–determine의 목적어

8. The employee handbook explains (what employees want to know about benefits package).
　　　　　　　　　 S　　　　 V　　　　　　　　　 O(명사절)

|해석| 직원요강은 직원들이 수당에 대해 알고 싶어하는 것들을 설명해 주고 있습니다.
|해설| [동사 ____ 불완전절] know뒤에 목적어가 빠진 불완전절이 왔으므로 명사절 접속사 what자리.

9. This package contains a program (that determines (if the software can be installed)).
　　　 S　　　 V　　　 O　　 형용사절–주격　　 명사절–determine의 목적어

|해석| 이패키지는 소프트웨어가 설치 될 수 있는지를 판단해주는 프로그램을 포함하고 있습니다.
|해설| 관계대명사 뒤에는 반드시 본동사. 선행사가 단수명사(program)이므로 s가 붙어야 한다.

10. The new company policy will give M Design employees greater flexibility (in choosing
　　　　　　　　　 S　　　 V　　　　 O1　　　　 O2　　 전명구(전+명사구)

(whether to work in the company's offices or from home)).
　　 명사절축약형–choose의 목적어

|해석| 새로운 회사 정책은 엠디자인 직원들에게 사무실에서 일할지 재택근무를 할지를 결정하는데 있어서 유연성을 줄 것입니다.
|해설| [동사 ____ to do~] 명사절 축약형이므로 명사절 접속사 자리. 뒤에는 완전절이면서 'A or B'가 나왔으므로 whether가 정답.

11. All guests can eat free breakfast (at the hotel restaurant) or order room service (for a small fee).
　　 S　　 V1　 O　　　　 전명구　　　 or　 V2　　 O　　　 전명구

|해석| 모든 투숙객들은 호텔식당에서 무료 아침을 먹거나 요금을 조금 내면 룸서비스를 주문할 수 있습니다.
|해설| eat/order가 병렬구조로 이어졌고 의미상 '둘 중 하나'의 의미이므로 or가 정답.

12. Tyson Electronics gives travel allowance (to employees) (who reside in the suburbs).
　　　　　　 S　　　　　 V　　　　 O　　　　　　 전명구　　　　　 형용사절-주격

|해석| 타이슨전자사는 교외지역에 거주하는 직원들에게 교통비를 제공한다.

|해설| 주격 관계대명사 뒤에는 반드시 본동사! 유일한 본동사인 reside가 정답.

|해설| allowance는 용돈, 수당의 의미를 가진다. travel allowance는 이동수당이므로 교통비.

13. Visitors (who tour the Gastill Auto factory) expect (to see (how our new luxury sedan are
　　　 S　　　　　 형용사절-주격　　　　　　　　 V　O(준동사구-명)　　 명사절-see의 목적어

made)).

|해석| 게스틸 오토 공장을 견학하는 방문객들은 우리 신형 럭셔리 세단이 어떻게 만들어지는 지를 보게 될 것을 기대합니다.

|해설| [동사 ____ 완전절] 동사 뒤에 목적어 역할이므로 명사절 접속사 자리.

|해설| expect는 5형식으로 가장 많이 쓰이지만 to부정사를 목적어로 취하는 3형식 구조로도 쓰인다.

14. The document (I attached to my email yesterday) summarizes topics (I plan to present at
　　　　　 S　　　　 형용사절(목적격 관/대생략)　　　　　 V　　　 O　　 형용사절(목적격 관/대 생략)

tomorrow's meeting).

|해석| 내가 어제 내 이메일에 첨부한 서류는 내가 내일 회의에서 발표할 계획인 주제를 요약해주고 있습니다.

|해설| 목적격 관계대명사가 생략된 구조. 여기서 plan을 명사로 봐서 소유격을 쓸 경우 'topics my plan (X)' 명사가 연달아 나오는 명사충돌이 되므로 구조가 성립하지 않는다.

15. Richard Bloom, (whose latest book is a non-fiction account of Los Angeles), will also be a main speaker
　　　　　 S　　　　　　　　　 형용사절-소유격　　　　　　　　　　　 V　　 C

at the event.

|해석| 리차드 블룸은, 그의 최근 책은 로스엔젤레스에 대한 논픽션 설명인데, 그 행사에서 주 연사일 것입니다 ⇒ 로스엔젤레스에 대한 실화 설명을 담은 신간을 가지고 있는 리차드 블룸은 그 행사에서 주 연사일 것입니다.

|해설| [n. ____ 완전절] Richard Bloom/latest book은 의미상 "리차드 블룸의 신간" 소유격관계이므로 whose가 정답.

16. Mr. Radall reported (to the department head) (that neither the outside consultants nor any of
　　　　 S　　　 V　　　　 전명구　　　 O(명사절) neither　　　 A　　　 nor　 B

the designers supported the proposal).

|해석| 랜달은 외부 컨설턴트도 혹은 디자이너 중에 어떤 사람도 그 제안서를 지지하지 않을 것이라고 부서장에게 보고했습니다.

|해설| 'neither A nor B' 구문.

17. (Given that Ms. Li's proposal has been selected), Tali Consulting should hire two more designers.
　　　　　　　　　　　 부사절　　　　　　　　　　　　 S　　　　 V　　 O

|해석| 리씨의 제안서가 선택됐다는 것을 고려해보면, 탈리컨설팅사는 두 명의 추가 디자이너를 고용해야 합니다.

|해설| [____ S+V, S+V] 빈칸은 부사절 접속사 자리. 유일한 부사절 접속사인 given that이 정답. 'if so'는 부사절을 대신하는 축약형의 구문. 예를 들어, 'Did you tell him? If you told him, I will not call him.' "그에게 얘기했니? 만약 네가 얘기했다면 나는 그에게 전화 안 할거야."라고 할 때 'you told him'을 중복적으로 쓸 필요는 없다.

이때 'Did you tell him? If so, I will not call him.'과 같이 줄여서 써준다.

18. Students try (to develop the leadership qualities) (that will enable them to make valuable
   　　S　　V　　　　　　　O (준동사구—명)　　　　　　　　　　　　　형용사절—주격
contributions to tomorrow's society).

|해석| 학생들은 자신들이 미래 사회에 가치 있는 기여를 할 수 있게 만들어 줄 지도자의 자격을 갖추려고 노력한다.

|해설| [n. ___ 주어가 빠진 불완전절] 주격관계대명사 that이 정답.

19. (At the time you apply for a new passport), you should bring your identification.
   　　　　　　　　부사절　　　　　　　　　　　　　　　S　　　V　　　　O

|해석| 당신이 새로운 여권을 신청할 때 당신은 신분증을 가지고 와야 한다.

|해설| [___ S+V, S+V] 빈칸은 부사절 접속사 자리. 유일한 부사절 접속사인 at the time이 정답.

20. The information (contained in this section of the site) is (for students) (who are considering
   　　　　　　S　　　　　　　준동사구—형　　　　　V　　C(전명구)　　　　형용사절—주격
studying abroad).

|해석| 이 사이트에서 이 부분에 담겨있는 정보는 유학을 고려하는 학생들을 위한 것이다.

|해설| [n. ___ 주어가 빠진 불완전절] 주격관계대명사 who가 정답.

21. (While Mr. Randolph made a keynote speech at the conference), his assistant videotaped his
   　　　　　　　　　　　　　부사절　　　　　　　　　　　　　　　　　　S　　　　V
address.
   O

|해석| 랜돌프가 회의에서 기조연설을 하는 동안, 그의 비서는 그의 연설을 촬영해서 녹화했다.

|해설| [___ S+V, S+V] 빈칸은 부사절 접속사 자리. as though는 "마치 ~것 처럼"이므로 의미상 어울리지 않는다.

22. He frequently focuses (on ways) (to maximize an athlete's performance as well as injury prevention).
   　S　부사　V　　전명구　　　　　준동사구—형　　　　A　　　　as well as　　　　B

|해석| 그는 부상 예방뿐만 아니라 운동 선수의 성과를 극대화 시켜줄 방법에 종종 초점을 맞춘다.

|해설| 'A as well as B' 구문. 'in order to' 뒤에는 동사원형이 나와야 한다. injury는 명사이므로 성립하지 않는다.

23. Ms. Anderson not only placed an order but confirmed the date (when the order will be shipped).
   　　S　　　　　　V1　　O　　　V2　　　O　　　　형용사절—관계부사절

|해석| 앤더슨은 주문을 했을 뿐만 아니라 주문품이 발송될 날짜를 확인도 했다.

|해설| 'not only A but (also) B' 구문. 여기서 also는 생략될 수 있다.

24. (After arriving at the theater), Ms. Kalish found (that the concert by the London Orchestra had
   　부사절축약형 or 전명구(전치사+명사구)　　　S　　　V　　　　　O (명사절)
been cancelled).

|해석| 극장에 도착하고 나서, 칼리쉬는 런던 오케스트라에 의한 콘서트가 취소되었다는 것을 알았다.

|해설| [___ ing~] 빈칸에는 전치사나 접속사가 모두 올 수 있다. 보기는 모두 부사절 접속사이므로 의미상 골라주는 문제.

25. I suggest (that you take a look at the example) (given below) (to see (how well it suits your
　S　　V　　　　　　　O (명사절)　　　　　　　　　준동사구–형　　준동사구–부　명사절(see의 목적어)

needs)).

|해석| 이것이 너의 니즈에 얼마나 잘 맞는지를 확인하기 위해서 아래에 제공된 예를 네가 볼 것을 나는 제안하는 바이다.

|해설| [동사 ___ 부사 S+V+O] 문장 뒤에 나올 부사(well)가 접속사의 수식을 받기 위해 문두로 끌려 나온 형태. 부사를 수식하는 **how** 가 정답.

26. Employees (of Ulter Prime Corporation) will receive a salary increase next year (provided that the
　　　　S　　　　　전명구　　　　　　　　V　　　　　O　　　　　　　부사절

company's profits meet its expectations).

|해석| 얼터프라임사의 직원들은 회사의 수익이 예상치를 충족시킨다면 내년에 연봉인상을 받을 것이다.

|해설| [S+V ___ S+V] 빈칸은 부사절 접속사 자리. 유일한 부사절 접속사인 **provided that**이 정답.

27. (As noted in confidentiality agreement), both parties (involved) will not disclose or reveal any
　　　　부사절 축약형　　　　　　　　　　　　S　　준동사구–형　　　V1　or　V2　O

(of the confidential information) (received from the other party).
　　　　전명구　　　　　　　　　　준동사구–형

|해석| 기밀유지계약서에 표시되어 있듯이, 관련된 양 당사자는 다른 당사자로부터 받은 어떠한 기밀 정보도 공개하거나 발설하지 않을 것이다.

|해설| 부사절 축약형. 빈칸 뒤에 목적어가 없으므로 p.p가 정답. 'as mentioned above'와 같은 구조.

28. (Even though Ms. Puente is not available to help with the proposal right now), she may be able to assist
　　　　　　　　　　　　　　부사절　　　　　　　　　　　　　　　　S　　조동사 대용　V

us tomorrow.
　O

|해석| 푸엔테씨는 지금 제안서와 관련하여 도와줄 수 없는 상황임에도 불구하고 그녀는 내일은 우리를 도와줄 수 있을지도 모른다.

|해설| [___ S+V, S+V] 빈칸은 부사절 접속사 자리. 보기는 모두 부사절 접속사. 의미상 따지는 문제.

29. (Now that the order has been accepted and the confirmation notice has been sent), they will deliver
　　　　부사절　　　　　절1　　　　　and　　　　　　　절2　　　　　　　S　　V

the ordered product.
　형용사　　　O

|해석| 주문이 수락되었고, 확인통보가 발송되었기 때문에, 그들이 주문된 제품을 배송할 것이다.

|해설| 부사절 안에 2개의 절이 and로 연결된 형태.

30. The third floor exhibition rooms (of the museum) are not open (to the public) (while the
　　　　　　　　　　　　S　　　　전명구　　　V　　C　　　전명구　　　　부사절

ventilation system is being repaired).

|해석| 박물관의 3층 전시실은 환기시스템이 수리중인 동안에는 대중에게 공개되지 않는다.

|해설| [S+V ___ S+V] 빈칸은 접속사 자리. while/after 중에 의미상 고르는 문제.

31. Subcommittee members will decide tomorrow (whether to nominate Burt Templeton for the
　　　　　　　　 S　　　　　 V　　　　　　　　　　　　　　　 O (명사절 축약형)

board of Genesis Technologies).

|해석| 소위원회 멤버들은 내일 버트 템플튼씨를 제네시스 테크놀로지 사의 이사회에 후보지명 할 지 말지를 결정할 것이다.

|해설| [동사+시간부사 ＿＿ to do] 시간부사는 부사이므로 빼고 생각하면 동사 뒤이므로 명사절 자리. 뒤에 to부정사가 나왔으므로 명사절 축약형.

32. The project manager was instructed (to wait) (until the management reviews and accepts the
　　　　　　　 S　　　　 be p.p　 OC(준동사구-기타구)　　　　　　　　　 부사절

changes (she proposed)).
　　　　　 형용사절(목/관계대명사 생략)

|해석| 프로젝트매니저는 경영진이 그녀가 제안한 변경사항을 검토하고 수락할 때까지 기다리도록 지시 받았다.

|해설| 목적격관계대명사가 생략된 구조. 여기서 that을 쓸 경우 'changes that proposed' that 뒤에 주어와 목적어가 둘 다 빠지게 되기 때문에 구조가 성립하지 않는다.

33. (At first) the Marketing Director expected customers (to prefer the latest mobile phone)
　 전명구-부　　　　　　　　　　 S　　 V　　　 O　　　　 OC (준동사구-기타구)

(equipped with a music player), but he discovered (its sales are not strong enough).
　　 준동사구-형　　　　　　　　 S　 V　　　　 O(명사절-that 생략)

|해석| 처음에, 마케팅이사는 고객들이 뮤직 플레이어가 장착된 최신 핸드폰을 선호할 것이라고 예상했으나, 그는 최신 핸드폰의 매출이 그렇게 강력하지 않다는 것을 발견했다.

|해설| [＿＿ S+V but S+V] 부사절접속사 자리로 착각하기 쉬운 문제. 2개의 절은 but이라는 접속사가 연결해주고 있다. 접속사가 이미 존재하므로 또 나올 수는 없다. 빈칸은 문두에 추가적으로 나왔으므로 부사자리. 부사구 역할을 하는 전명구가 정답.

34. It is recommended (that you register your new mobile phone online) (so that you can download
　 가주어　　 be p.p　　　　　　　 S(진주어-명사절)　　　　　　　　　　　 부사절

updated technical support information).

|해석| 당신이 업데이트된 기술지원 정보를 다운로드할 수 있기 위해서 인터넷으로 당신의 새로운 핸드폰을 등록할 것이 권고된다.

|해설| 추가로 나온 절을 연결할 접속사 자리. 보기 중 유일한 접속사인 so that이 정답.

35. The Research and Development Director will meet us again (to discuss the proposal) (we have
　　　　　　　　　　　　　　　　　 S　　 V　　 O　　　 준동사구-부

been making).
　 형용사절-목적격관/대 생략

|해석| 연구개발 이사는 우리가 만들어 오고 있는 제안서에 대해 논의하기 위해 우리를 다시 만날 것이다.

|해설| [n. + S ＿＿] 명사 뒤에 바로 절이 나왔다. 목적격 관계대명사가 생략된 구조. 그러므로 뒤에 나올 절은 목적어가 빠진 불완전한 절이 되어야 한다.

36. Applications will be considered (for funding) (only if they are received on or before the last of the

          S   be p.p   전명구   부사절

month).

|해석| 기금지원을 위한 지원서는 이번 달 말일이나 그 전에 접수된 경우에만 심사될 것이다.

|해설| 'only if' 묶어서 외워둘 것. "~한 경우에만".

37. Fortunately, the shipment (of grain) **arrived** (at our warehouse on time) (in spite of bad

                               S   V   전명구   전명구

weather).

|해석| 다행히 악천후에도 불구하고 곡물배송이 제시간에 창고에 도착했다.

|해설| 빈칸 뒤에 명사가 나왔으므로 빈칸은 전치사 자리. 유일한 전치사인 in spite of가 정답.

38. The release (of the new generation car, ST 350), **was marked** (with a brief ceremony) (in which

         S   전명구   be p.p   전명구

Rich Connell and Carlos Ghosn were recognized for their commitment to development).

                          형용사절–전+관계대명사

|해석| 신세대 차인 ST350의 출시가 간단한 행사와 함께 기념되었고, 그 기념식에서 리치코넬과 카를로스 고슨은 개발의 노력에 대해 상을 받았다.

|해설| '전치사+관계대명사'구조 뒤에는 완전한 절이 왔다. where는 전치사 뒤에 나오지 않고, 장소명사 뒤에 바로 나온다.

|두 문장으로 분리| **The release of the new generation car, ST 350, was marked with a brief ceremony / Rich Connell and Carlos Ghosn were recognized for their commitment to development in the ceremony.**

39. (Though not required by the department), more and more **students are opting** (to do an internship),

               부사절 축약형   S   V   O (준동사구–명)

 (as they sense a benefit to their future employment potential).

                   부사절

|해석| 부서에 의해 요구되지는 않았음에도 불구하고, 더 많은 항생들이 그들의 미래 고용잠재력에 혜택을 준다는 것을 인지하기 때문에 인턴쉽을 할 것을 선택하고 있다.

|해설| not은 부사니까 빼고 생각하면, required(p.p)가 뒤에 나온 구조. p.p/형용사/전명구는 모두 절의 잔재. 그러므로 빈칸은 부사절 접속사 자리.

40. The board members were (in favor) (of the energy-saving technologies) (you have included

               S   V   C(전명구)   전명구   형용사절(목적격 관/대 생략)

in your design).

|해석| 이사회 멤버들은 당신이 당신의 설계에 포함시킨 에너지절감 기술을 찬성했다.

|해설| [n. + S ____] 명사 뒤에 바로 절이 나왔다. 목적격 관계대명사가 생략된 구조. 그러므로 뒤에 나올 절은 목적어가 빠진 불완전한 절이 되어야 한다.